Conceitos básicos de controle estatístico da qualidade

Reitor
Targino de Araújo Filho
Vice-Reitor
Adilson J. A. de Oliveira
Pró-Reitora de Graduação
Claudia Raimundo Reyes

Secretária Geral de Educação a Distância - SEaD
Aline Maria de Medeiros Rodrigues Reali
Coordenação SEaD-UFSCar
Daniel Mill
Glauber Lúcio Alves Santiago
Marcia Rozenfeld G. de Oliveira
Sandra Abib
Coordenação UAB-UFSCar
Daniel Mill
Sandra Abib

Conselho Editorial
Ana Claudia Lessinger
José Eduardo dos Santos
Marco Giulietti
Nivaldo Nale
Oswaldo Mário Serra Truzzi (Presidente)
Roseli Rodrigues de Mello
Rubismar Stolf
Sergio Pripas
Vanice Maria Oliveira Sargentini

Coordenador do Curso de Tecnologia Sucroalcooleira
Gilberto Miller Devós Ganga

UAB-UFSCar
Universidade Federal de São Carlos
Rodovia Washington Luís, km 235
13565-905 - São Carlos, SP, Brasil
Telefax (16) 3351-8420
www.uab.ufscar.br
uab@ufscar.br

EdUFSCar
Universidade Federal de São Carlos
Rodovia Washington Luís, km 235
13565-905 - São Carlos, SP, Brasil
Telefax (16) 3351-8137
www.editora.ufscar.br
edufscar@ufscar.br

Roberto Antonio Martins

Conceitos básicos de controle estatístico da qualidade

São Carlos

EdUFSCar

2015

© 2010, Roberto Antonio Martins

Concepção Pedagógica
Daniel Mill

Supervisão
Douglas Henrique Perez Pino

Revisão Linguística
Clarissa Galvão Bengtson
Daniel William Ferreira de Camargo
Kamilla Vinha Carlos
Paula Sayuri Yanagiwara
Rebeca Aparecida Mega

Diagramação
Izis Cavalcanti
Juan Toro
Vagner Serikawa

Capa e Projeto Gráfico
Luís Gustavo Sousa Sguissardi

Ficha catalográfica elaborada pelo DePT da Biblioteca Comunitária da UFSCar

M386c	Martins, Roberto Antonio. Conceitos básicos de controle estatístico da qualidade / Roberto Antonio Martins. -- São Carlos : EdUFSCar, 2015. 117 p. -- (Coleção UAB-UFSCar). ISBN – 978-85-7600-188-1 1. Gestão da qualidade. 2. Controle de qualidade - métodos estatísticos. 3. Controle de qualidade - inspeção. 4. Controle Estatístico do Processo (CEP). I. Título. CDD – 658.562 (20ª) CDU – 658.562

Todos os direitos reservados. Nenhuma parte desta obra pode ser reproduzida ou transmitida por qualquer forma e/ou quaisquer meios (eletrônicos ou mecânicos, incluindo fotocópia e gravação) ou arquivada em qualquer sistema de banco de dados sem permissão escrita do titular do direito autoral.

SUMÁRIO

APRESENTAÇÃO 7

UNIDADE 1: Controle de Qualidade

    1.1 Evolução da gestão da qualidade 11

    1.2 Trilogia da Qualidade® 19

    1.3 Processo de controle de qualidade.........................22

    1.4 Considerações finais 28

UNIDADE 2: Inspeção por amostragem para aceitação

    2.1 Inspeção da qualidade...32

    2.2 Inspeção por amostragem para aceitação..............35

        2.2.1 Riscos e parâmetros da amostragem 37
        2.2.2 Tipos de amostragem 41

    2.3 Formação de lotes..47

    2.4 Planos de amostragem para aceitação por atributos 48

        2.4.1 Plano de NQA 49
        2.4.2 Plano *Skip-lot*..52

    2.5 Inspeção retificadora 53

    2.6 Seleção de planos de amostragem..........................57

UNIDADE 3: Controle Estatístico de Processo

3.1 Visão de processo..64

3.2 Variabilidade de processos......................................70

3.3 Características da qualidade....................................73

3.4 Subgrupos racionais...74

3.5 Gráficos de controle..76

    3.5.1 Interpretação de gráficos de controle....................78
    3.5.2 Tipos de gráficos de controle............................81
    3.5.3 Construção de gráficos de controle.....................102

3.6 Capabilidade de processos.....................................104

REFERÊNCIAS..109

ANEXO A...113

APRESENTAÇÃO

A presente obra tem como objetivo prover de conceitos básicos de Controle Estatístico da Qualidade as pessoas interessadas no controle de qualidade de empresas de manufatura, mas que possuem pouco conhecimento na área. Ao longo de 15 anos de docência, atuando como professor da área de Gestão da Qualidade do Departamento de Engenharia de Produção da Universidade Federal de São Carlos (UFSCar), tanto em disciplinas do curso de Engenharia de Produção quanto do Programa de Pós-Graduação em Engenharia de Produção, preparei notas de aula e apostilas que resultaram neste livro, cujo intuito é prover um texto básico para professores, alunos e praticantes. Somam-se a esses anos de exercício da docência a experiência obtida em projetos de extensão e a vivência com profissionais de empresas que foram meus alunos de cursos de especialização ou fontes de dados para minhas pesquisas. A pretensão não é substituir livros mais completos sobre o assunto, mas introduzir de forma simples e objetiva o assunto aos iniciantes na Gestão da Qualidade, especialmente no Controle de Qualidade.

Apesar de toda a produção intelectual acadêmica sobre Gestão da Qualidade produzida nas últimas décadas, fruto do assim denominado "Movimento da Qualidade", algumas lacunas ainda são observadas, principalmente quanto ao material didático. Aparentemente, os livros tratam de assuntos "mais avançados" de Gestão da Qualidade sem o enfoque necessário sobre o Controle de Qualidade e o Controle Estatístico da Qualidade.

A perspectiva histórica da evolução da Gestão da Qualidade, tanto nos Estados Unidos quanto no Japão, demonstra que as preocupações com a qualidade dos produtos começaram com a implantação de atividades de Controle de Qualidade. Além disso, a evolução do conceito de qualidade e o uso de novos métodos e técnicas não acarretaram o abandono do Controle de Qualidade. Pelo contrário, a atividade continua presente na prática de gestão da qualidade das empresas, constituindo um elemento fundamental para atingir uma boa qualidade de conformação.

O notável pensador e autor renomado da Gestão da Qualidade, Joseph M. Juran, em sua proposta de Trilogia de Qualidade®, que contém os processos básicos para a gestão da qualidade (Planejamento, Controle e Melhoria), destaca a importância do processo de Controle de Qualidade. Ele ajuda a atingir e manter os objetivos da qualidade planejados e também fornece dados e informações para a atividade de melhoria. Além disso, o Controle de Qualidade é uma maneira de reter os ganhos advindos dos projetos de melhoria com a incorporação de novos padrões e objetivos resultantes das atividades de melhoria. Isso será apresentado ao leitor na Unidade 1.

Com relação aos métodos e técnicas para exercer o controle de qualidade, o enfoque neste livro é para o Controle Estatístico da Qualidade, com destaque especial para as técnicas básicas de Inspeção por Amostragem para Aceitação (Unidade 2) e Controle Estatístico de Processos (Unidade 3). Apesar desses métodos e técnicas terem sido propostos há quase cem anos, eles ainda têm sua relevância na busca da qualidade de conformação.

A Inspeção por Amostragem para Aceitação pode parecer anacrônica perante as exigências de qualidade ou as tecnologias de produção disponíveis atualmente. Contudo, é importante salientar que não são todas as empresas que se encontram no mesmo patamar ou grau de maturidade na gestão da qualidade. A inspeção por amostragem pode ainda ter relevância na prática do controle de qualidade para várias organizações que ainda têm práticas rudimentares de controle de qualidade. A Inspeção por Amostragem também é útil em situações que necessitam de ensaios destrutivos.

O Controle Estatístico de Processo (CEP) pode ajudar muitas empresas a cessarem a dependência de amostragens de lotes de produção com o controle da variação do processo. Esse método permite, a partir do conhecimento da variação do processo, estabelecer uma referência para o controle de processo desde que tal variação atenda às especificações do produto. Apesar de mais trabalhoso e custoso que a Inspeção por Amostragem para Aceitação, o CEP pode contribuir mais para atingir níveis mais altos de qualidade de conformação.

Por fim, agradeço a todos aqueles que direta ou indiretamente, incentivaram a elaboração deste livro. Espero que o leitor encontre aqui uma fonte de conhecimento para sua formação profissional e inspiração para implantação de métodos e técnicas que permitam a melhoria da qualidade e conformação de produtos.

UNIDADE 1

Controle de Qualidade

A perspectiva histórica revela que o processo de controle de qualidade foi o primeiro de gestão da qualidade a ser formalizado. Ele sempre existiu e acompanhou a humanidade ao longo dos tempos. Qualquer pessoa faz o controle de qualidade de vários produtos e serviços que consome. Talvez isso passe despercebido para a maioria, mas examinamos algo, produto ou serviço, comparando com o nosso padrão, antes de decidirmos pelo consumo ou não.

Assim, o processo de controle da qualidade é a base sobre a qual se ergue a gestão da qualidade em qualquer organização. Ele está sempre presente nos modelos de gestão da qualidade. Suas atividades foram as primeiras a serem estruturadas tanto quando se estuda a evolução da gestão da qualidade nos Estados Unidos quanto no Japão.

1.1 Evolução da gestão da qualidade

A evolução da gestão da qualidade nos Estados Unidos e no Japão seguiu caminhos diferentes. Contudo, elas mantêm uma marca em comum, pois ambas começaram com a formalização do processo de controle de qualidade. A preocupação com a qualidade do produto entregue ao cliente, ainda que com graus diferentes nesses países, foi a principal motivação para que se exercesse de diferentes formas o controle de qualidade.

Garvin (1992) argumenta que a evolução da gestão da qualidade aconteceu em quatro eras. São elas:

- Inspeção;
- Controle Estatístico da Qualidade;
- Garantia da Qualidade;
- Gestão Estratégica da Qualidade.

O Quadro 1 apresenta resumidamente a ênfase, os métodos, os responsáveis pela qualidade e a orientação e abordagem de cada uma das quatro "eras da qualidade".

Quadro 1 As quatro principais eras da qualidade.

Identificação das características	Etapa do movimento da qualidade			
	Inspeção	Controle Estatístico da Qualidade	Garantia da Qualidade	Gestão Estratégica da Qualidade
Ênfase	uniformidade do produto	uniformidade do produto com menos inspeção	toda a cadeia de produção, desde o projeto até o mercado, e a contribuição de todos os grupos funcionais	as necessidades do mercado e do consumidor
Métodos	instrumentos de medição	instrumentos e técnicas estatísticas	programas e sistemas	planejamento estratégico, estabelecimento de objetivos e mobilização da organização
Quem é o responsável pela qualidade	o departamento de inspeção	os departamentos de produção e engenharia	todos os departamentos, embora a alta gerência só se envolva perifericamente	todos na empresa, com a alta gerência exercendo forte liderança
Orientação e abordagem	"inspeciona" a qualidade	"controla" a qualidade	"constrói" a qualidade	"gerencia" a qualidade

Fonte: adaptado de Garvin (1992, p. 44).

A evolução da gestão da qualidade nos Estados Unidos está intimamente ligada à evolução dos sistemas de manufatura e da indústria estadunidense, e de certa forma ao mundo ocidental. A era da Inspeção está associada à produção artesanal,[1] assim como as eras do Controle Estatístico da Qualidade e da Garantia da Qualidade estão associadas à produção em massa.[2] Já a era da Gestão Estratégica da Qualidade está associada, principalmente, ao surgimento de formas alternativas de organizar e gerir a produção com relação à produção em massa e ao aumento da concorrência em nível mundial.

---

1 Produção artesanal era o sistema de produção dominante até o surgimento da Revolução Industrial. Na produção artesanal, o artesão dominava tanto as tecnologias de produto e processo quanto a parte comercial, administrativa e financeira do empreendimento. A produção era caracterizada por poucas unidades feitas sob encomenda para poucos clientes.

2 Produção em massa é o sistema de produção que surgiu após a Revolução Industrial. A característica principal é produzir grandes lotes de produtos padronizados com longo ciclo de vida, de forma a reduzir os custos e tornar os produtos acessíveis para mais consumidores. A intercambiabilidade e a divisão do trabalho são também características marcantes da produção em massa.

Pode-se observar, do Quadro 1, que o controle de qualidade é a atividade principal da gestão da qualidade nas duas eras iniciais – Inspeção e Controle Estatístico da Qualidade. Ele é a forma única com que se pode garantir algum nível de qualidade dos produtos produzidos.

Na era da Inspeção, a orientação era inspecionar se a qualidade prometida pelo artesão, no ato da negociação com o cliente, encontrava-se no produto a ser entregue. O próprio artesão realizava o controle da qualidade com uso de instrumentos e padrões de medida próprios.

Já na era do Controle Estatístico da Qualidade existem duas abordagens para controlar a qualidade dos produtos. Elas surgiram ao mesmo tempo nos anos 20 do século XX, mas uma delas, a Inspeção por Amostragem, ganhou mais adesão que a outra, o Controle Estatístico de Processo, principalmente pela adoção da primeira pelo grande consumidor da época, o Exército dos Estados Unidos. Essas abordagens serão apresentadas com detalhes nos capítulos seguintes.

Todavia, vale destacar que com o advento da produção em massa, com a metrologia e a divisão do trabalho, surgiu o departamento de controle da qualidade onde trabalhavam os inspetores. Eles eram os responsáveis por controlar a qualidade de grandes quantidades de produtos com uso de padrões estabelecidos pela engenharia do produto e com uso de equipamentos de medição calibrados e aferidos. O enfoque na inspeção por amostragem era a conformidade dos produtos dos lotes de produção acabados ou em processo mediante determinada taxa de defeitos. Já o controle estatístico de processo tinha como foco o controle da variação do processo de produção para verificar se ela era aceitável, de forma a produzir produtos dentro das especificações e livres, portanto, de defeitos.

Com o aumento da preocupação com a qualidade do produto para além do produto acabado ou em produção, outras áreas da empresa passaram a se envolver na "construção" da qualidade. Assim, na era da Garantia da Qualidade existem quatro abordagens que tratam de diferentes aspectos da gestão da qualidade que ampliam o seu escopo. Vale observar que essa era remonta aos anos 50 do século XX. Essas abordagens são:

a) Custos da Qualidade;

b) Controle Total da Qualidade (do inglês, *Total Quality Control* – TQC);

c) Engenharia da Confiabilidade;

d) Zero Defeitos.

Os Custos da Qualidade foram propostos por Joseph M. Juran, considerado um dos grandes pensadores da gestão da qualidade, assim como A. V. Feigenbaum juntamente com W. E. Deming, P. Crosby e K. Ishikawa. O objetivo de Juran era demonstrar como a falta de qualidade pelas falhas internas (refugo e retrabalho) e externas dos produtos no campo custava mais que os custos de avaliação (inspeção, por exemplo) e de prevenção (como o treinamento) ocorridos antes e durante a produção. Assim, a redução ou mesmo eliminação da falta de qualidade poderia representar a "mina de ouro" que existia em cada empresa. Dessa forma, Juran acreditava que poderia sensibilizar a alta administração das empresas a investir na gestão da qualidade.

O Controle Total da Qualidade foi proposto por Armand V. Feigenbaum com o propósito de envolver várias áreas de uma organização nas atividades do controle de qualidade – desenvolvimento de novos produtos, recebimento de materiais, produção, entre outras áreas. Para tanto, ele propôs um sistema da qualidade que tinha o propósito de levar a cada área suas responsabilidades em relação ao controle de qualidade por meio de procedimentos documentados. Muitos anos mais tarde, essa seria a base do sistema proposto pela *International Standardization Organization* (ISO) na forma da série ISO 9000.

A Engenharia da Confiabilidade tinha como objetivo "construir" a qualidade no desenvolvimento do produto. A forma utilizada era a aplicação de métodos estatísticos para dar suporte ao desenvolvimento de produtos e componentes com baixa taxa de falha durante a vida do produto, ou seja, de alta confiabilidade. O estudo das distribuições de probabilidades de falhas durante o uso do produto era a base de tal conhecimento. Isso foi um requisito do Departamento de Defesa dos Estados Unidos para produtos eletrônicos após o término da Segunda Guerra Mundial e o começo da corrida espacial durante a Guerra Fria. Mais uma vez as forças armadas estadunidenses têm um papel importante no desenvolvimento da gestão da qualidade naquele país.

A abordagem de Zero Defeitos surgiu na Martin Company, que fabricava mísseis, onde trabalhava Phillip Crosby. O objetivo era motivar as pessoas a "fazerem certo da primeira vez", atingindo, assim, o padrão de qualidade de zero defeito. A forma de atingir esse padrão era por meio de *slogans* e campanhas, reconhecimento dos esforços das pessoas com recompensas individuais e eventos para premiação. De forte base motivacional, essa abordagem apresentou resultados interessantes, naquele momento, na empresa.

O início da era da Gestão Estratégica da Qualidade não pode ser bem datado. Esta tem como impulsionadores a concorrência de produtos eletrônicos e automóveis japoneses nos Estados Unidos e as altas indenizações aos consumidores em decorrência da falta de qualidade dos produtos. Esses fatores mostraram que muitas empresas estadunidenses estavam estagnadas na qualidade, desenvolvendo produtos inadequados às necessidades dos consumidores, administrando taxas de defeitos nos processos e tolerando-as de seus fornecedores, além de utilizarem métodos e técnicas inadequadas. Para sanar tais problemas era preciso o envolvimento da alta administração para liderar a gestão da qualidade a partir de uma visão do mercado – concorrência e consumidores. Assim, a qualidade passaria a ser gerida de um ponto de vista estratégico com envolvimento de praticamente todos na organização.

Isso não implica que o controle de qualidade não tenha importância. Pelo contrário, desde a era da Garantia da Qualidade, apesar da mudança do foco para sistemas, pessoas, métodos e uma nova forma de gerir a qualidade na Gestão Estratégica da Qualidade, o controle de qualidade ainda continua a ser a base na qual se constrói a qualidade do produto. Certamente, o uso de inspeção por amostragem é inadequado quando se procura a satisfação total dos clientes, mas essa é uma forma de controle de qualidade, como será visto nas próximas unidades.

Shiba, Graham & Waldem (1997) apresentam a evolução da gestão da qualidade no Japão. A evolução no conceito de qualidade requereu novos métodos de gestão da qualidade e novas formas de integração na organização. Essa evolução também está atrelada à evolução dos sistemas de produção do Japão e à história daquele país. Logo após o término da Segunda Guerra Mundial, a indústria japonesa estava devastada e era preciso reconstruir o país gerando empregos. As necessidades de competitividade da indústria foram o fator determinante da evolução da gestão da qualidade no Japão, uma vez que líderes e empresários japoneses viram na qualidade do produto uma fonte de competitividade para ajudar a reerguer a economia do país.

A evolução do conceito de qualidade está ilustrada na Figura 1. O início foi demarcado pela adequação ao padrão e o foco era a qualidade de conformação atingida pelo uso da inspeção. Considerava-se que o projeto do produto atendia às necessidades dos clientes, e que a qualidade era um problema de conformação (atingir o padrão estabelecido).

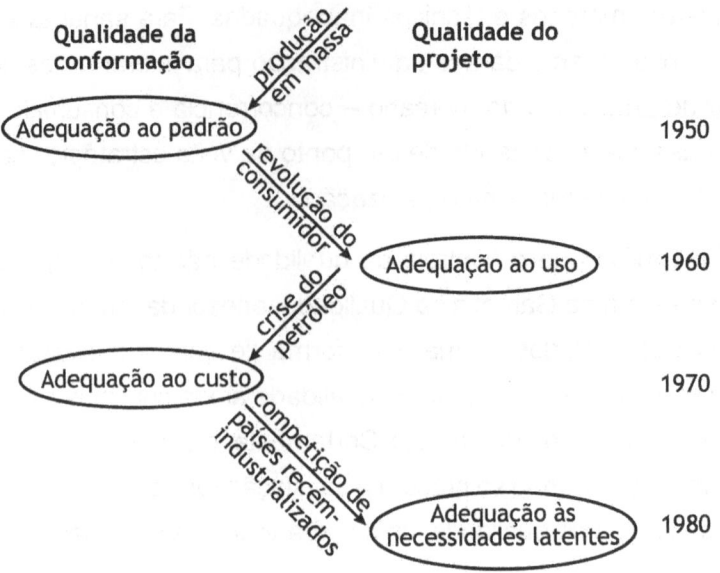

Figura 1 Evolução do conceito dominante de qualidade.
Fonte: adaptada de Shiba, Graham & Waldem (1997).

Na fase seguinte, adequação ao uso, o foco passou a ser a qualidade do projeto para assegurar a satisfação das necessidades de fato dos clientes e não aquilo que os projetistas pensavam ser. Entretanto, a adequação ao uso era obtida basicamente por inspeção, o que tornava um alto custo atingir a qualidade do produto.

Na terceira fase, adequação ao custo, o foco passou a ser a qualidade da conformidade, de acordo com as necessidades reais dos clientes. Atingir alta qualidade com custos baixos era primordial, e isso tornou multidimensional o conceito de qualidade, que passou a incorporar custo, entrega, etc.

Na última fase, adequação às necessidades latentes, o foco é o desenvolvimento de produtos ou serviços que satisfaçam às necessidades dos clientes das quais eles ainda não têm consciência plena. Isso permite antecipar a concorrência e encantar o cliente, tornando-se uma forma de aumentar a competitividade dos produtos japoneses.

Essas mudanças no conceito de qualidade, consequências de alterações no ambiente competitivo, geraram necessidades de mudanças nos métodos e técnicas de gestão da qualidade. Isso está ilustrado na Figura 2 a seguir.

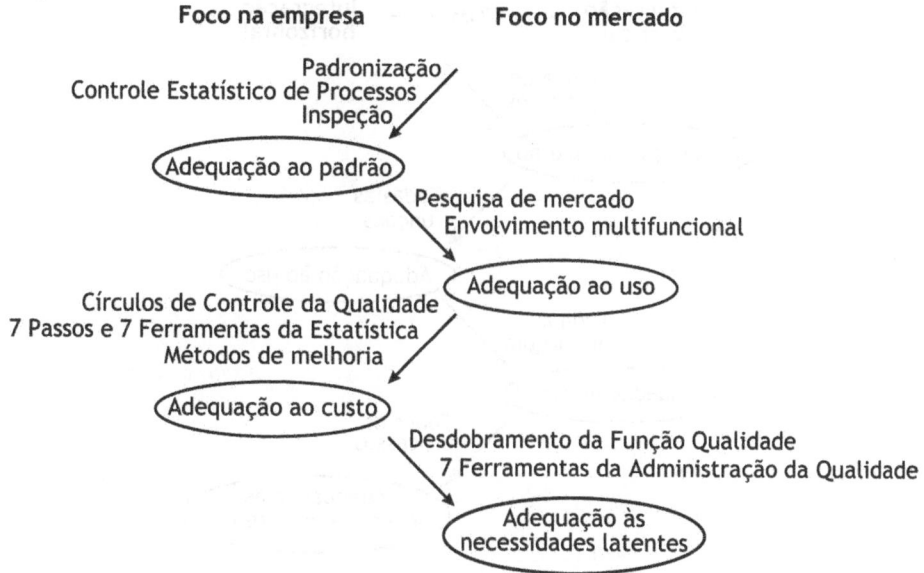

Figura 2 A evolução dos métodos e técnicas de gestão da qualidade.
Fonte: adaptada de Shiba, Graham & Waldem (1997).

Os métodos e técnicas de gestão da qualidade foram sendo implantados e desenvolvidos à medida que o conceito de qualidade foi evoluindo. Isso foi feito com a finalidade de capacitar a organização para o mercado, procurando atender e até mesmo antecipar as necessidades e expectativas dos consumidores. Os métodos adequados a um conceito não necessariamente excluem os métodos de outros conceitos, da mesma forma como ocorreu na evolução da gestão da qualidade nos Estados Unidos.

Novos métodos e técnicas, por exemplo, Desdobramento da Função Qualidade (do inglês, *Quality Function Deployment* – QFD) e 7 Ferramentas da Administração da Qualidade, foram desenvolvidos no Japão e implantados para atividades de desenvolvimento de produto e planejamento da qualidade para se introduzir ou promover o conceito de adequação às necessidades latentes. Isso não implica o abandono de métodos de controle de qualidade como o Controle Estatístico de Processo (CEP). Na realidade, para a evolução do conceito com o envolvimento de mais áreas e processos da organização, foi necessário o desenvolvimento e integração de mais métodos e técnicas de gestão da qualidade.

A evolução dos métodos e técnicas da gestão da qualidade, por sua vez, requereu uma maior integração, tanto vertical (diretrizes) quanto horizontal (processos e atividades), das áreas da empresa. A Figura 3 representa essa necessidade associando-a ao conceito da qualidade.

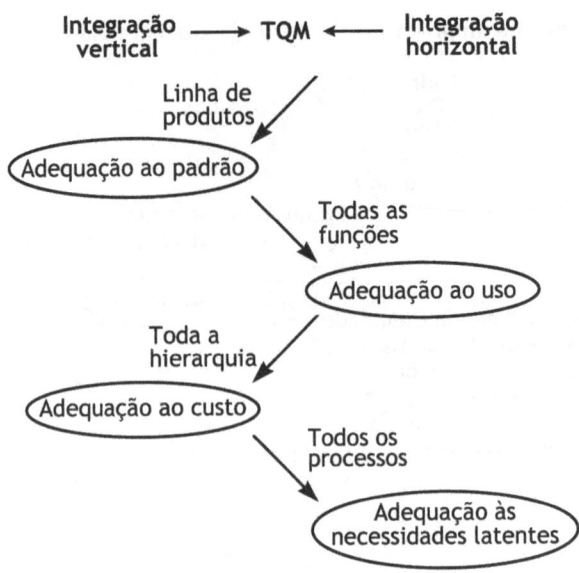

Figura 3 Integrações vertical e horizontal relacionadas à evolução do conceito de qualidade.
Fonte: adaptada de Shiba, Graham & Waldem (1997).

À medida que o conceito de qualidade evoluiu, o envolvimento das áreas da organização na gestão da qualidade passou a ser primordial. Quando o foco era a adequação ao padrão por meio de inspeção e controle estatístico de processo, a ação era direcionada na linha de produtos. Já para implantar o conceito de adequação ao uso, foi necessário o envolvimento de todas as funções na organização (produção, desenvolvimento, vendas, suprimentos, etc.). Para a implantação do conceito de adequação ao custo, o envolvimento das funções nas linhas de produto não foi suficiente, sendo necessário o envolvimento de toda a hierarquia. Por fim, observa-se que, para a implantação do conceito de adequação às necessidades latentes dos consumidores, o envolvimento de todos os processos com a integração horizontal passou a ser necessário. Assim houve alternância de momentos de integração vertical e horizontal em diferentes níveis na organização, à medida que o conceito de qualidade evoluiu no Japão. O envolvimento e a participação de todos permitiram a implantação e prática de conceitos mais evoluídos de gestão da qualidade. Essa é uma característica marcante do movimento da qualidade japonês, conhecido como Gestão pela Qualidade Total (do inglês, *Total Quality Management* – TQM).

Mais recentemente, o que se observa é a importância da qualidade do produto em todos os elos da cadeia de suprimentos. Por muitas vezes, os esforços isolados de empresas de uma cadeia de suprimentos são minados ou não apresentam os resultados esperados pela falta de qualidade dos fornecedores, tanto a montante quanto a jusante na cadeia de suprimentos. Nesse sentido, a normatização dos sistemas de gestão da qualidade como ISO 9000 (gestão da qualidade) ou ISO 22000 (segurança do alimento) exerce um papel importante para nivelar minimamente as práticas de gestão da qualidade por toda a cadeia de suprimentos. Os esforços de desenvolvimento de fornecedores por empresas coordenadoras da cadeia de suprimentos também exercem um papel muito importante.

A seguir será visto como o processo de controle de qualidade está presente em alguns modelos de gestão da qualidade.

1.2 Trilogia da Qualidade®

O controle de qualidade surgiu, como pôde ser visto anteriormente, como atividade principal da gestão da qualidade. Isso pode ser observado tanto na evolução da gestão da qualidade nos Estados Unidos quanto no Japão. Todavia, esse processo aconteceu de forma diferenciada nesses países.

O trabalho de Joseph M. Juran teve um papel importantíssimo na estruturação do processo de controle de qualidade. Esse proeminente pensador da gestão da qualidade propôs, em 1951, em sua obra seminal, *Handbook do Controle de Qualidade*, a Trilogia da Qualidade®. A Figura 4 ilustra os três processos que compõem a trilogia: Planejamento da qualidade, Controle de qualidade e Melhoria da qualidade. Esses processos fazem parte da estrutura para a gestão da qualidade em qualquer organização.

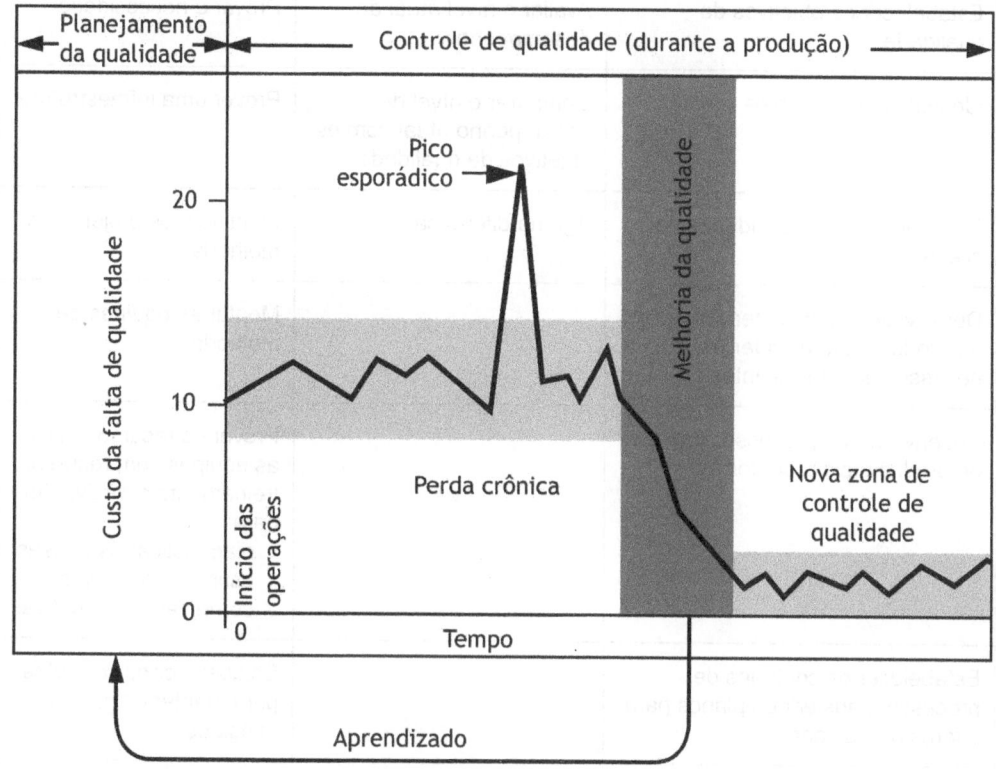

Figura 4 Trilogia da Qualidade®.

Fonte: adaptada de Juran & Godfrey (1999).

O controle de qualidade tem um papel central na Trilogia da Qualidade® de Juran. Os níveis de qualidade estabelecidos pelo planejamento são mantidos estáveis pelo Controle de Qualidade que atua em picos esporádicos. O objetivo é manter o desempenho dentro da Zona Original de Controle. Entretanto, nem sempre os níveis de qualidade planejados são atingidos, sendo necessário, paralelamente ao controle de qualidade, melhorar o desempenho. Na Figura 4 a melhoria da qualidade está representada pela faixa cinza-escuro, que ocorre simultaneamente ao controle de qualidade, com informações geradas por ele para atingir níveis de qualidade nunca antes atingidos. Vale destacar o papel de elo entre o planejamento e a melhoria da qualidade que o controle de qualidade exerce.

Juran baseou-se na gestão financeira cujos processos principais são o planejamento financeiro, o controle financeiro e a melhoria das finanças para propor a Trilogia da Qualidade®. Esses processos são universais e podem ser aplicados em qualquer organização.

As atividades que constituem cada um dos processos da Trilogia da Qualidade® estão descritas no Quadro 2.

Quadro 2 Atividades da Trilogia da Qualidade®.

Planejamento da qualidade	Controle de qualidade	Melhoria da qualidade
Estabelecer os objetivos da qualidade	Avaliar o nível atual de desempenho	Provar a necessidade
Identificar quem são os clientes	Comparar o nível de desempenho atual com os objetivos da qualidade	Prover uma infraestrutura
Determinar as necessidades dos clientes	Agir na diferença	Identificar os projetos de melhoria
Desenvolver as características do produto para atender às necessidades dos clientes		Montar as equipes de melhoria
Desenvolver os processos capazes de produzir tais produtos		Prover os recursos para as equipes com recursos, treinamento e motivação para: – diagnosticar as causas – estimular as ações corretivas e preventivas
Estabelecer os controles de processo; transferir os planos para a força operacional		Estabelecer os controles para manter os ganhos atingidos

Fonte: adaptado de Juran & Godfrey (1999).

No planejamento da qualidade, o importante é estabelecer os objetivos das características do produto a que se deseja chegar, e a partir daí procurar satisfazer às necessidades dos clientes. Isso é feito com a identificação tanto dos clientes quanto das suas necessidades, bem como do desenvolvimento de produtos e processos capazes de produzir tais produtos. O planejamento da qualidade se encerra com a transferência para as operações dos planos e controles da qualidade do produto.

O controle de qualidade, a partir dos planos e controles estabelecidos no planejamento, procura manter o desempenho em níveis compatíveis com os planos e metas da qualidade. Isso é feito pela avaliação do nível de desempenho em qualidade que é comparado aos objetivos. Caso haja alguma diferença significativa, devem ser tomadas ações para retomar os patamares de desempenho planejados ou atingidos.

Muitas vezes os objetivos da qualidade não são atingidos ou o desempenho não é satisfatório devido a problemas de planejamento. Nesse momento, é necessário melhorar a qualidade por meio de um processo que acontece simultaneamente ao controle de qualidade, cujo objetivo é romper com o padrão atual de desempenho. Isso pode parecer contraditório, visto que o controle de qualidade visa manter o nível de qualidade dos produtos e processos, e a melhoria procura romper. Na verdade, esta é a grande contribuição de Juran, ao propor que os objetivos da qualidade são como "alvos móveis" que precisam ser buscados sem a deterioração do patamar atingido. Sem o controle de qualidade, o planejamento e a melhoria perdem o sentido, visto que não são mantidos por muito tempo, e o resultado é inesperado a cada produto produzido.

Para melhorar a qualidade é preciso, antes de tudo, provar que aquele desempenho em qualidade está fora do esperado ou precisa ser melhorado para justificar o esforço a ser feito. Para tanto, há que se providenciar uma infraestrutura para que os projetos de melhoria sejam implantados por equipes plenamente capacitadas e habilitadas no método de solução de problemas e condução de projetos de melhoria. Isso é fundamental para um bom diagnóstico e proposição de ações que melhorem o desempenho. Todavia, todo o esforço de melhoria pode ser perdido se não houver um processo de controle de qualidade para incorporar os novos objetivos da qualidade e os respectivos planos e métodos.

Uma pergunta interessante é quem deve estar envolvido em cada processo da trilogia e quanto tempo deve dispensar para cada um dos processos. A Figura 5 ilustra um exemplo de envolvimento e dedicação aos processos da trilogia por gerentes, supervisores e trabalhadores. No eixo horizontal, tem-se a porcentagem do tempo dedicado a cada processo, e no eixo vertical, os níveis típicos da hierarquia.

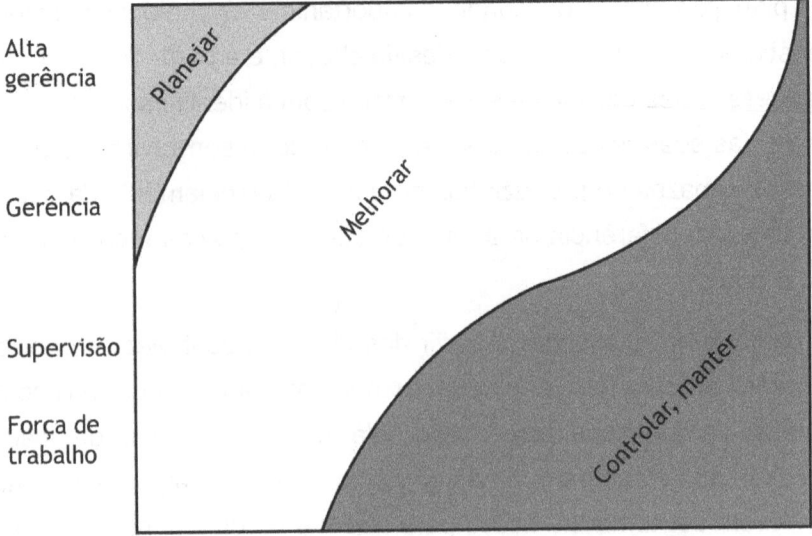

Figura 5 Envolvimento e dedicação à Trilogia da Qualidade®.
Fonte: adaptada de Itoh apud Juran & Godfrey (1999).

Pode-se observar no gráfico da Figura 5 que a gerência deve se dedicar mais ao planejamento e à melhoria da qualidade, exercendo pouco o controle de qualidade. Enquanto isso, a supervisão e a força de trabalho estão, na maior parte do tempo, envolvidas, respectivamente, com a melhoria e controle da qualidade. Vale destacar que todos os níveis hierárquicos estão envolvidos nessa proposta com a gestão da qualidade e com atividades dos três processos da trilogia.

1.3 Processo de controle de qualidade

O objetivo do controle, seja ele exercido em qualquer processo ou atividade, é manter o *status quo*, ou seja, prevenir que o desempenho se deteriore. O resultado é a estabilidade do processo e a previsibilidade de comportamento, e isso não significa, necessariamente, que não ocorrerá variação. Contudo, ele deve acontecer dentro de limites toleráveis e de forma previsível.

Vale mais uma vez recuperar que o processo de controle de qualidade é intermediário aos outros dois processos da Trilogia da Qualidade® – o planejamento da qualidade e a melhoria da qualidade. Isso está ilustrado na Figura 4, e o Quadro 2 contém as principais atividades do processo de controle de qualidade.

O termo *controle de qualidade* foi cunhado no começo do século XX, durante a era de Controle Estatístico da Qualidade, de Garvin, quando ocorreu uma formalização das atividades do processo. A constituição do Departamento de Controle de Qualidade nas empresas de produção em massa e a formalização do cargo de inspetor da qualidade foram passos importantes nesse sentido. Nessa mesma época e por pouco tempo mais, o termo incorporava também o planejamento do controle de qualidade, mas não da forma descrita no Quadro 2. Com a evolução da gestão da qualidade, logo o termo passou a se referir ao conteúdo do processo de controle de qualidade da trilogia proposta por Juran. Atualmente, na maioria das organizações, o termo controle de qualidade remete ao processo da Figura 4.

O controle de qualidade acontece com o uso do circuito fechado de retorno (*feedback loop*) genérico, ilustrado na Figura 6.

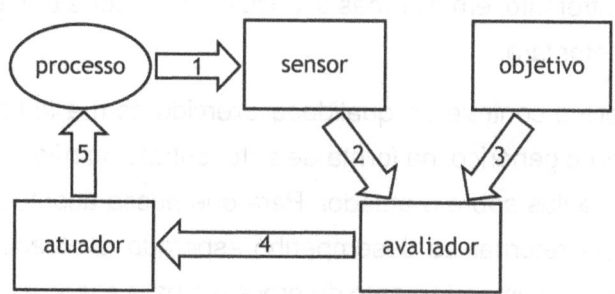

Figura 6 Circuito fechado de retorno genérico.
Fonte: adaptada de Juran & Godfrey (1999).

O sensor é ligado ao processo para capturar o nível de desempenho do produto ou processo (etapa 1). Ele relata ou repassa os dados coletados sobre o desempenho do processo para o avaliador (etapa 2). Este recebe dos objetivos os referenciais de desempenho em qualidade para o produto ou processo sob controle (etapa 3). De posse do padrão esperado e do desempenho atual do processo ou produto, o avaliador compara os valores. Se a diferença for significativa, apontando um comportamento fora do esperado, então, o atuador é acionado (etapa 4). O atuador, por sua vez, de posse do sinal de anomalia procura atuar no processo para retomar os níveis esperados de desempenho (etapa 5).

Numa empresa sucroalcooleira, o processo pode ser a destilação e o sensor pode ser o termopar que captura a temperatura da torre de destilação. O planejamento da qualidade estabelece uma temperatura ideal para a destilação acontecer e produzir um álcool de acordo com as necessidades dos clientes. Esse valor da temperatura é o objetivo do processo. O avaliador pode ser um controlador lógico programável (CLP) que procura, também, exercer o papel de atuador para manter a temperatura no valor estabelecido (*set-point*). Caso não consiga, o CLP pode emitir um sinal de alerta no supervisório (painel de controle) do processo para que o operador exerça o papel de atuador.

Observe que o mesmo circuito fechado de retorno genérico representa o ato de comprar uma fruta no setor de hortifrúti de um supermercado. O consumidor pega a fruta nas mãos e seus olhos avaliam-na, então ele recupera de sua experiência o padrão de fruta boa para o consumo e faz a avaliação usando, às vezes, outros sensores como o tato. Assim, ele pode atuar de forma a colocar a fruta numa cesta ou recusá-la. O mesmo ato poderia ser feito por um inspetor de uma empresa processadora de sucos que escolhe as frutas já na chegada.

Na concepção taylorista do trabalho, o circuito fechado de retorno genérico deve ser exercido por um inspetor adequadamente treinado e com habilidades para utilizar o sensor ou de posse de bons sentidos. Todavia, na concepção mais moderna do controle de qualidade, a atividade de inspeção, sempre que possível, deve ser executada pelo próprio operador que fez a tarefa. Esse é o conceito de autocontrole. Entretanto, em algumas situações, o sensor é um teste de laboratório que um inspetor fará.

Ainda sobre o controle de qualidade exercido com a aplicação do circuito fechado de retorno genérico, na forma de autocontrole ou não, algumas observações devem ser feitas sobre o atuador. Para que possa acontecer a intervenção no processo para retornar ao desempenho esperado, o atuador precisa ter conhecimento sobre o comportamento do processo para associar o desvio detectado pelo avaliador a uma intervenção no processo.

Muitas vezes, o conhecimento sobre o processo está de forma tácita nas pessoas, e, na ausência delas, o mecanismo atuador pode ficar prejudicado e, consequentemente, o circuito fechado de retorno pode não ocorrer, o que afeta a eficácia do controle de qualidade. Seria como detectar uma febre alta num ser humano, mas não saber qual é a medicação a ser tomada a não ser um antitérmico. Isso não ataca a causa fundamental do problema.

Outro aspecto importante, principalmente no autocontrole, é a autoridade ser correspondente à responsabilidade de controle de qualidade a ser exercida. Não adianta um operário ou mesmo inspetor detectar por meio da avaliação a existência de diferença significativa entre o objetivo e o desempenho e não ter autoridade para atuar no processo. Isso pode, inclusive, desmotivar o uso circuito fechado de retorno, uma vez que os desvios detectados não são tratados adequadamente ou a tempo.

Por fim, os sensores devem ser adequados para medirem e capturarem corretamente o desempenho do processo para que se possa executar uma avaliação do processo ou do produto. Quando os sensores são instrumentos de medida como termopares, viscosímetros, balanças, paquímetros, micrômetros, medidores de umidade, de espessura, por exemplo, é fundamental avaliar a precisão e a acuracidade do sensor em separado e conjuntamente com o ser humano que realiza a medida. A falta de ambos pode afetar muito a sensibilidade do controle de qualidade detectar as diferenças significativas ou, então, emitir alarmes falsos de diferenças que não existem na realidade ou não são significativas. A Figura 7 ilustra o que significa precisão e acuracidade.

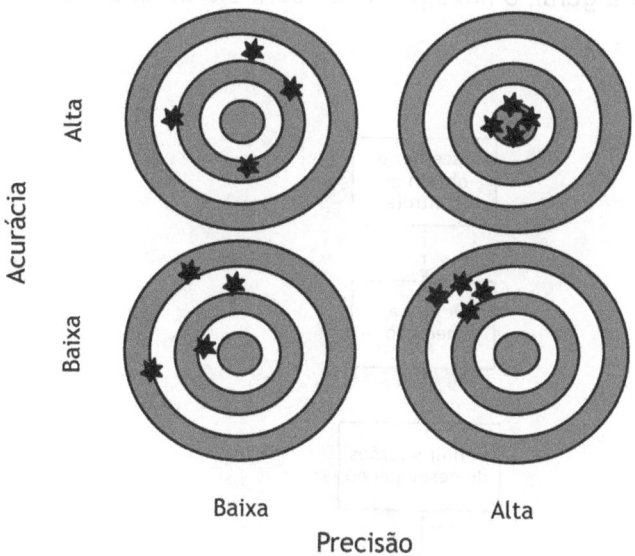

Figura 7 Acurácia e Precisão.
Fonte: adaptada de Juran & Godfrey (1999).

Um sensor de alta acuracidade e precisão repete e reproduz a medida. No quadrante superior direito da Figura 7 está ilustrada essa ideia. Por exemplo, se tomarmos uma solução padrão e medirmos várias vezes a viscosidade dela e obtivermos valores muito próximos do valor real, então o procedimento de medir é preciso e acurado. Vale observar que o valor da média é próximo ao objetivo e a variância dos valores em torno da média é baixa. Essa é a melhor situação e a mais recomendável.

Todavia, existem situações em que o sensor pode estar acurado, mas impreciso, ou seja, apresentar alta acuracidade e baixa precisão. Isso significa que existe, no sensor, um erro de reprodução da medida executada, e que pode ser visto no quadrante superior esquerdo da Figura 7. Quando isso ocorre, é preciso cuidado porque a média pode parecer perto do objetivo, mas a variância dos valores é muito alta. Assim, faz-se necessário regular o sensor.

Um sensor pode, ainda, ser preciso, mas inacurado, ou seja, apresentar alta precisão e baixa acuracidade que pode ser fruto de um erro sistemático de medida. Isso está ilustrado no quadrante inferior direito da Figura 7. Nesse caso, a média se encontra distante do objetivo, mas a variância dos valores em torno dela é baixa, sendo necessário regular o sensor.

Por fim, um sensor pode ser inacurado e impreciso, ou seja, apresentar baixa acuracidade e precisão, como pode ser visto no quadrante inferior esquerdo da Figura 7. Nesse caso, a média se encontra distante do objetivo e a variância dos valores em torno dela é alta. É a pior situação de um sensor, sendo necessário trocá-lo.

De maneira geral, o fluxograma do controle de qualidade está ilustrado na Figura 8.

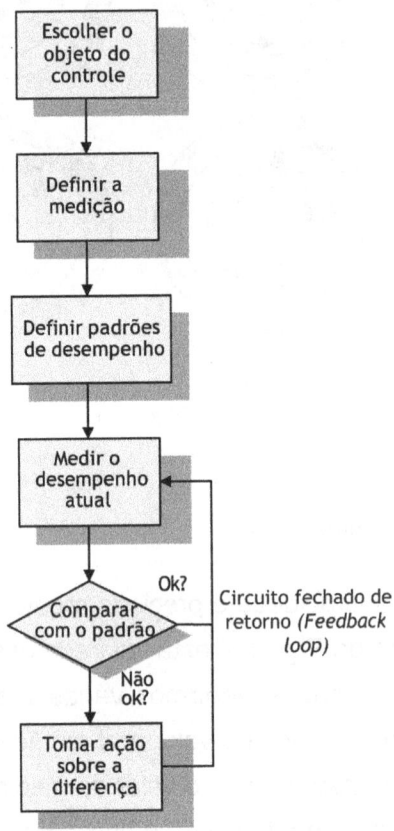

Figura 8 Processo de controle de qualidade.
Fonte: adaptada de Juran & Godfrey (1999).

Um processo ou o bem ou serviço torna-se o objeto do controle, sendo, assim, o centro do processo de controle de qualidade. Um objeto do controle pode ser derivado de:

a. uma necessidade do cliente a ser satisfeita com determinada característica do bem ou serviço, por exemplo, peso da embalagem em kg de um produto ou rapidez em minutos de um serviço de entrega;

b. análise tecnológica que traduz a característica demandada pelo cliente em especificação de produto ou de processo, por exemplo, freio ABS;

c. característica de processo que tem impacto direto na característica do produto, por exemplo, a temperatura de destilação de um destilador;

d. padrões governamentais ou da indústria, por exemplo, teor de sacarose do açúcar que define a classificação do produto;

e. necessidade de proteger a segurança humana e o meio ambiente, por exemplo, teor de dióxido de enxofre no açúcar;

f. necessidade de evitar efeitos colaterais à saúde do trabalhador ou danos à comunidade próxima, por exemplo, situações de risco de processo.

Uma vez definido qual será o objeto do controle de qualidade, é importante definir como será feita a medição. Para tanto, é preciso definir a medida, o sensor, a frequência de medição, a forma de registro e o formato do relato dos dados da medida, o processamento e a análise a serem feitos para transformar os dados em informação útil para o controle de qualidade, além de quem fará as medidas e quem tomará a decisão. Nesse ponto, a instrumentação e automação industrial são por vezes investimentos necessários a serem feitos.

Os padrões de desempenho podem ser definidos por legislações, normas, pelas expectativas dos clientes acerca de determinadas características dos produtos e serviços, *briefing* de produto desenvolvido pela engenharia, etc. Em termos gerais, qualquer processo deve ter dois padrões de desempenho: produzir produtos que atendam às necessidades e expectativas dos clientes e operar de maneira previsível. Os padrões devem ser legítimos, mensuráveis, atingíveis e justos, caso contrário, eles não servirão para o controle de qualidade.

A medição do desempenho acontece com o uso do sensor. Ele pode medir automaticamente a característica de interesse ou, então, um ser humano deve utilizar um sensor ou um sentido dele para realizar a medida. Anteriormente já foram feitas observações importantes sobre o sensor.

A comparação do valor atual medido com o padrão de desempenho esperado de um processo ou produto, geralmente, é atribuída a um avaliador que é um ser humano. Contudo, isso também pode ser feito de forma automatizada, por exemplo, por um controlador lógico programável. A comparação será considerada "não ok" quando a diferença entre a medida atual e o padrão for significativa de forma que será necessária uma ação sobre o processo. Caso contrário, nenhuma ação deve ser tomada com a finalidade de segregar o produto ou regular o processo.

Nessa etapa do processo de controle de qualidade é importante considerar a tolerância de produto que indica as diferenças permitidas de unidade de produto em relação ao padrão, ou ainda, a variabilidade natural do processo representado pela dispersão dos valores em torno da média. Se qualquer diferença for considerada de forma absoluta, pode resultar em supercontrole do processo, o que aumenta ainda mais as diferenças ao invés de diminuí-las.

1.4 Considerações finais

Geralmente, qualquer esforço de gestão da qualidade tem início com a formalização do processo de controle de qualidade. Isso pode ser notado, por exemplo, ao analisar a evolução da gestão da qualidade em dois importantes países – Estados Unidos e Japão.

A Trilogia da Qualidade® proposta por Juran apresenta uma estrutura básica para o estabelecimento dos processos necessários para a gestão da qualidade em qualquer organização. Nela, pode-se também observar o papel importante exercido pelo processo de controle de qualidade como forma de manter os níveis de desempenho e detectar falhas que podem ser utilizadas como projetos de melhorias futuras. O processo de controle de qualidade é a ponte entre o planejamento e a melhoria da qualidade na trilogia de Juran.

Contudo, observa-se que o controle de qualidade pode se estabelecer sem necessariamente os outros dois processos estarem implantados. Por outro lado, eles dependem do controle da qualidade para atingirem seus objetivos. Nesse sentido, é fundamental estruturar tal processo e mantê-lo atualizado com o conceito de qualidade da organização e com o uso de métodos e técnicas apropriados numa estrutura organizacional coerente.

UNIDADE 2

Inspeção por amostragem para aceitação

A inspeção de um produto antes de comprá-lo ou entregá-lo a um cliente é algo muito corriqueiro. Aliás, o ato de inspecionar algo para fazer um julgamento do objeto acompanha a humanidade. Por exemplo, uma pessoa ao pegar um produto da gôndola de um supermercado e procurar a existência de algum defeito antes de decidir comprá-lo é uma evidência de quanto a inspeção ainda é importante e presente em nossas vidas.

A atividade de controle de qualidade por muito tempo esteve associada à inspeção dos produtos antes do embarque deles para os clientes. O ato de inspecionar um produto ou parte dele (como peças ou subconjuntos) foi se modificando ao longo do tempo e acompanhando a evolução dos sistemas de manufatura.

Na produção artesanal, em face de o volume de produção ser muito baixo, todas as unidades do produto eram inspecionadas antes da entrega para o cliente. Com o advento da produção em massa, a inspeção de todos os produtos tornou-se inviável economicamente. Então, foram utilizados conceitos de Estatística para que a partir da amostra de um lote de produtos ou peças fosse possível fazer um julgamento sobre a qualidade deles.

Essa forma de avaliar a qualidade de produtos ou peças foi impulsionada pelo estabelecimento de normas para a condução da atividade de inspeção e, principalmente, pela adoção dessas normas pelas forças armadas norte-americanas e grandes empresas.

A partir da década de 20 do século passado, a inspeção por amostragem tornou-se um dos campos mais importantes da Gestão da Qualidade. David A. Garvin destaca a inspeção por amostragem como um dos elementos da era do Controle Estatístico da Qualidade no movimento da qualidade norte-americano.

Atualmente pode parecer algo ultrapassado fazer inspeção para avaliar a qualidade de um produto ou peça. Porém, existem situações em que, pelos mais variados motivos, não é possível se ter garantia da qualidade de um subconjunto ou produto, por exemplo, um fornecedor que ainda não implantou CEP. Existem situações nas quais a avaliação de uma característica da qualidade do produto é feita por um teste destrutivo. Nessas situações, a aplicação de inspeção ainda se faz necessária.

Portanto, este livro procura, de forma simplificada, passar os principais conceitos envolvidos na inspeção por amostragem com a finalidade de o leitor poder, rapidamente, estabelecer um plano de amostragem para inspeção de um produto ou item.

2.1 Inspeção da qualidade

O ato de inspecionar a qualidade de uma unidade do produto está representado na Figura 9. Nela pode-se observar que o resultado dessa ação é julgar se a unidade do produto está apta ou não para o consumo. Tal julgamento é feito com base num padrão de qualidade preestabelecido. Essa atividade é parte do ciclo de controle de produto proposto por J. M. Juran, pois não está incluso a intervenção no processo, caso o produto seja julgado *não conforme* com o padrão de qualidade.

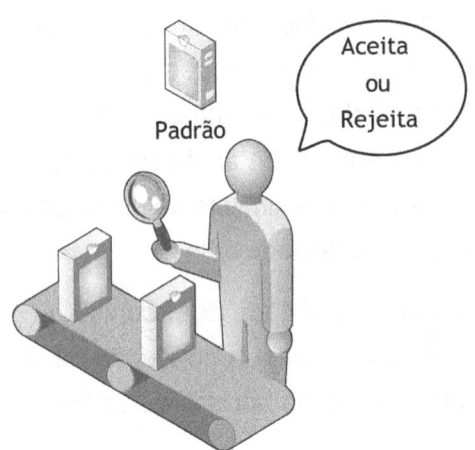

Figura 9 Esquema geral de inspeção da qualidade.

A inspeção da qualidade pode ser feita tanto para um produto acabado como para itens desse produto imediatamente após terem sido fabricados. A inspeção pode ainda ser realizada após um lote de produtos ou itens terem sido fabricados.

A ampliação da ação de inspecionar, ilustrada na Figura 9 para a totalidade dos produtos ou peças produzidas por uma empresa, é denominada inspeção 100%. Geralmente, ela é adotada para itens ou produtos cuja falha não é tolerada por diversas razões. Por exemplo, uma peça ou mesmo a unidade do freio de um automóvel é inspecionada 100% para assegurar a qualidade, já que esse item pode colocar em risco a vida dos consumidores.

Aparentemente, a inspeção 100% de um produto ou item pode assegurar a conformidade dele. Entretanto, é sabido que uma pessoa que inspecione visualmente um produto ou item pode, por exemplo, falhar e deixar passar um produto *não conforme* pela fadiga que a atividade proporciona ao trabalhador. Então, a inspeção 100% de um produto ou item, que dependa do fator humano, pode não resultar em garantia da qualidade. Nessa situação, uma solução viável é a automação da atividade de inspeção.

W. E. Deming, um dos renomados autores da gestão da qualidade, apresenta um exemplo simples para mostrar a falácia da inspeção 100% feita por seres humanos. Imagine que o quadro da Figura 10 é uma unidade de produto a ser inspecionada. A letra F representa uma falha ou não conformidade. Quantas falhas existem no quadro? Conte uma vez só.

> FINISHED FILES ARE THE RESULT
> OF YEARS OF SCIENTIFIC STUDY
> COMBINED WITH THE
> EXPERIENCE
> OF MANY YEARS

Figura 10 Exemplo utilizado por Deming para demonstrar a falácia da inspeção 100%.

Faça novamente a contagem como se você estivesse inspecionando uma nova peça com as mesmas condições da anterior, ou seja, o processo de produção não sofreu qualquer variação. Agora peça para diferentes pessoas contarem o número de Fs. Veja como o fator humano pode introduzir perturbações mesmo que o processo não varie.

Essa era a forma simples como W. E. Deming demonstrava que depender da inspeção 100% é perigoso e não garante a qualidade. A leitura do inspetor o trai, deixando passar as não conformidades, porque ele se baseia não só pela visão, mas muito mais pelos sons das palavras. Observe que os "OF" têm sons de "óv" e podem enganar os olhos do inspetor que os descansa por um momento.

Vale observar ainda que ensaios destrutivos, aqueles em que a unidade do produto precisa ser destruída para a execução da avaliação, impedem que um produto ou item seja inspecionado 100%. Logo, é necessária uma forma de inspecionar as unidades de produtos que não seja 100% delas.

Uma alternativa à ineficiência e ineficácia da inspeção 100% pode ser a adoção de algum tipo de inspeção que não verifique a totalidade dos produtos ou itens, mas permita elaborar um julgamento com custos menores e de forma mais rápida a partir de uma parte representativa da população (amostra).

Isso pode ser realizado com ou sem a adoção de um critério que calcule o risco de julgar de forma errada uma unidade do produto ou um lote delas. Por exemplo, pode-se adotar o critério de inspecionar certa quantidade de itens ou produtos de um lote. Ou ainda, pode-se adotar um critério de retirar um item ou unidade do produto de tempos em tempos ou após certa quantidade de unidades produzidas e inspecioná-lo para julgar se o processo está fabricando não conformidades ou não.

Esse tipo de critério pode trazer aparente segurança pelo fato de haver inspeção, mas certamente não é eficaz no sentido de produzir com qualidade.

O tipo de critério pode ser estabelecido de forma arbitrária ou não. Naturalmente, a adoção arbitrária pode trazer resultados piores que aqueles proporcionados pela inspeção 100%, principalmente quando são levados em consideração os custos dos defeitos detectados no uso do produto, de modo que o fabricante pode até ser implicado judicialmente por danos causados por uma falha da unidade do produto.

Uma alternativa a esses dois extremos – inspeção 100% e inspeção de parte dos produtos ou itens com critério arbitrário – é o estabelecimento de um critério de verificação em parte dos itens ou produtos fabricados com base na Estatística, mais precisamente na Inferência Estatística.

Essa área da Estatística permite fazer inferências (predições) sobre alguns parâmetros de uma população a partir de uma amostra probabilística. Portanto, o julgamento sobre a qualidade de um produto ou item pode ser feito a partir do acúmulo deles num lote que será retirado, segundo um critério estatístico, uma amostra (certa quantidade de unidades do produto), no qual serão feitos os testes de qualidade para emissão de um julgamento sobre a qualidade do lote do qual esses itens ou produtos foram retirados.

A Figura 11 ilustra esquematicamente a inspeção por amostragem para aceitação. Vale observar que a ação de inspecionar a qualidade do produto é sobre uma amostra das unidades e a decisão é relativa ao lote.

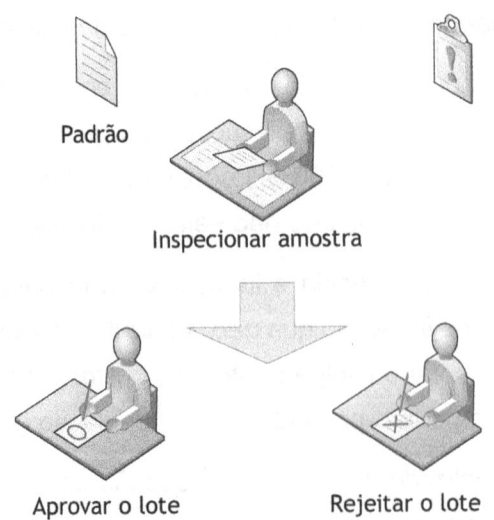

Figura 11 Esquema de inspeção por amostragem para aceitação.

A aplicação dos conceitos da Inferência Estatística não isenta de erros essa forma de inspeção. Contudo, os erros cometidos no ato de tomar a decisão sobre o lote com base na amostra podem ser calculados, e riscos podem ser assumidos. Dessa forma, a inspeção por amostragem pode ser feita com critérios estabelecidos a partir da Inferência Estatística, que podem ser mais facilmente aceitos por fabricantes e consumidores.

Vale destacar que os erros inerentes a essa atividade podem ser estimados e que a qualidade de um lote de itens ou produtos será julgada, mas a taxa de defeitos do processo de produção que fabricou o lote não será alterada pela simples adoção de um esquema de inspeção por amostragem. Essa taxa é, no máximo, avaliada com um grau de incerteza.

Para sumarizar, existem três possibilidades de inspeção da qualidade:

- inspeção 100%;
- inspeção por amostragem sem critérios estatísticos;
- inspeção por amostragem com critérios estatísticos.

Essas formas de inspeção podem acontecer em diversas etapas do processo de produção de um produto – recebimento de materiais, processo de produção ou no final do processo antes do embarque dos produtos para os clientes.

A característica de qualidade avaliada pelo inspetor em qualquer dos três tipos de inspeção da qualidade pode ser um *atributo* ou uma *variável*. Um *atributo* é uma classificação que uma unidade do produto inspecionada recebe resultando em produto *conforme*, apto para o consumo pelo cliente, ou *não conforme*, inapto para o consumo. Por exemplo, uma embalagem de açúcar pode estar furada e ser classificada como *não conforme* por um inspetor. Já uma *variável* é uma característica passível de mensuração, e, geralmente, a medição é feita com auxílio de um instrumento e numa escala de medida. Por exemplo, o peso de uma embalagem em gramas de açúcar é medido com o uso de uma balança e com uma escala (gramas).

Vale destacar que uma característica da qualidade que é uma *variável* pode ser transformada em *atributo*. Isso é feito com a separação das unidades *conformes* das *não conformes*, e nesse processo existe a perda da informação de cada unidade. Contudo, uma característica *atributo* jamais pode ser convertida em *variável*.

2.2 Inspeção por amostragem para aceitação

A inspeção por amostragem tem grande difusão e aceitação nas empresas ao redor do mundo. O estabelecimento de normas para a definição de critérios de inspeção por amostragem para aceitação ajudou tal difusão.

Três aspectos são importantes sobre a inspeção por amostragem:

1. o propósito dela não é estimar a qualidade de um lote, mas sim julgá-la;
2. a inspeção por amostragem não fornece uma forma direta de controle de qualidade uma vez que o julgamento será aceitar ou rejeitar um lote. Se todos os lotes tiverem a mesma qualidade, alguns serão aceitos e outros serão rejeitados;
3. o uso mais efetivo da inspeção por amostragem é como uma forma de auditoria que assegura determinado nível de conformidade da saída de um processo (itens ou produtos) de acordo com os requisitos.

A inspeção por amostragem é preferível quando:

- o teste para avaliar uma característica da qualidade é destrutivo;
- o custo da inspeção 100% é extremamente alto;
- a inspeção 100% não é tecnicamente executável ou requer muito tempo para ser feita;
- existem muitos itens ou produtos a serem inspecionados e a fadiga humana ou variação da máquina podem incorrer em erros.

Quando comparada à inspeção 100%, a inspeção por amostragem para aceitação apresenta algumas vantagens:

- geralmente incorre em custos menores;
- exige manipulação de uma quantidade menor de produtos ou itens, o que reduz a ocorrência de danos;
- menor necessidade de inspetores;
- permite a utilização de testes destrutivos;
- reduz os erros de inspeção por fadiga;
- rejeição de lotes inteiros ao invés de unidades rejeitadas, o que incentiva ou pressiona o fornecedor a melhorar a qualidade.

Naturalmente, também existem desvantagens na inspeção por amostragem para aceitação:

- existe o risco de aceitar lotes "ruins" e rejeitar lotes "bons";
- menor quantidade de informação é gerada sobre os itens ou produtos produzidos ou sobre o processo de produção que os produziu;
- normalmente requer mais planejamento e documentação que a inspeção 100%.

A inspeção por amostragem é executada a partir de um plano de amostragem previamente estabelecido de acordo com alguns parâmetros da atividade desse tipo de inspeção e características do produto ou item a ser inspecionado. Existem planos de amostragem tanto para avaliação de características de qualidade do tipo atributo quanto para o tipo variável.

Nos *planos de atributos*, uma amostra é coletada, segundo um critério aleatório, de forma a obter uma amostra probabilística, sendo cada item avaliado e classificado em *conforme* e *não conforme*. O número de não conformidades encontrado na amostra é comparado com o máximo aceitável estabelecido no plano de amostragem, e uma decisão é tomada em aceitar ou rejeitar o lote. Um exemplo é a inspeção de embalagens no ato de recebimento.

Já para os *planos de variáveis*, a característica de qualidade de cada item ou produto da amostra é medida e expressa por uma estatística, por exemplo, a média. Esse valor é comparado com um valor permissível estabelecido pelo plano de amostragem. Então, é tomada uma decisão de aceitar ou rejeitar o lote. Um exemplo é a inspeção do peso de embalagens após o envase numa linha de produção.

Neste livro serão apresentados apenas os *planos de atributos* em face de sua ampla adoção pelas empresas brasileiras com a vantagem da facilidade e rapidez de aplicação. A grande dificuldade para o uso de plano de variáveis é a exigência de conhecimento da distribuição de probabilidades das medidas, que pode ser aproximada por uma Distribuição Normal, ou mesmo a exigência de que a distribuição de probabilidades da característica da qualidade de um produto seja uma Distribuição Normal. Contudo, o tamanho das amostras nesse tipo de plano é invariavelmente menor que no plano de atributos.

2.2.1 Riscos e parâmetros da amostragem

Como foi dito anteriormente, existe a possibilidade na inspeção por amostragem de um lote "bom" ser rejeitado e de um lote "ruim" ser aceito. Isso implica em riscos tanto para o produtor (fornecedor) quanto para o comprador (cliente).

O *risco do produtor* (α) é a probabilidade de que um lote "bom" venha a ser rejeitado pelo plano de amostragem. Esse risco é estabelecido em conjunto com o valor máximo de qualidade (porcentagem de defeitos) que possa passar pelo plano, denominado nível de qualidade aceitável (NQA).

O *risco do consumidor* (β) é a probabilidade de que um lote "ruim" venha a ser aceito pelo plano de amostragem. Esse risco é estabelecido em conjunto com o valor de qualidade insatisfatória que possa passar pelo plano, denominado nível de qualidade inaceitável (NQI) ou também fração defeituosa tolerável (FDT).

Um parâmetro importante da inspeção por amostragem é a *Curva Característica de Operação* (CCO) de um plano de amostragem. Ela relaciona a probabilidade de aceitação (P_a) de um lote com a porcentagem de itens defeituosos (p) desse mesmo lote. A CCO exprime o desempenho de um plano de amostragem, ou seja, o poder discriminatório dele em aceitar ou rejeitar um lote.

Um plano de amostragem ideal, ou seja, sem riscos tanto para o consumidor quanto para o produtor teria o formato ilustrado na Figura 12.

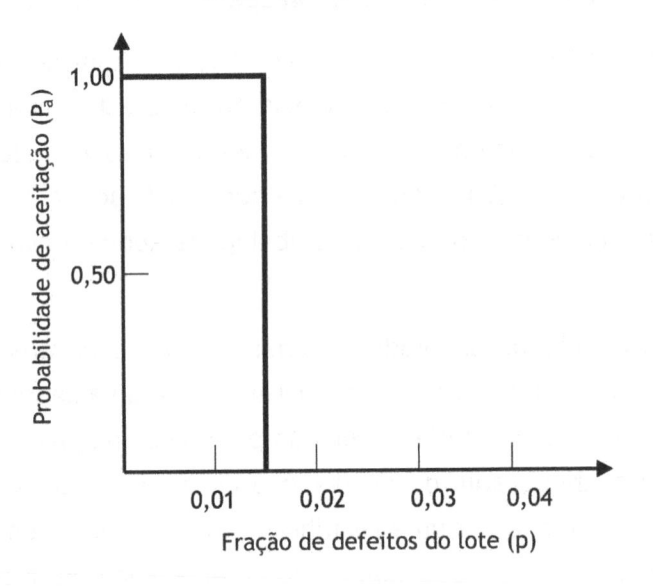

Figura 12 Curva CCO ideal.

Uma vez estabelecido no plano de amostragem um valor de *p* máximo tolerável, por exemplo, 0,015, como ilustra a Figura 12, todos os lotes com porcentagem de defeitos menores ou iguais a esse valor seriam aceitos e todos os outros seriam rejeitados.

Percebe-se que um plano de amostragem com CCO ideal não apresentaria riscos nem para o consumidor nem para o produtor. Entretanto, não existe um plano que possa fazer essa discriminação de forma tão perfeita como ilustrada na Figura 12. Ele acontece apenas na inspeção 100%, desde que não haja erros de avaliação.

Em virtude de ser possível retirar inúmeras amostras de um lote ou lotes de produtos ou de um processo de produção e essas amostras, por sua vez, variarem em função da variância do processo e do tamanho da amostra, os riscos α e β sempre estão presentes e o melhor a fazer é controlá-los. Isso pode ser mais bem visualizado construindo a distribuição amostral da estatística de interesse – uma média amostral ou uma proporção de defeitos da amostra.

Dessa forma, a construção da CCO de um plano de amostragem para aceitação é de suma importância para entender o desempenho do plano e também identificar as probabilidades dos riscos do consumidor e do produtor. Ela também pode ser utilizada para fazer simulações se houver mudanças na taxa de defeitos do lote ou do processo.

A Figura 13 ilustra a curva característica de operação de um plano de amostragem cujo número de aceitação (a) é 2 e o tamanho da amostra (n) é 89 itens. Tal curva é construída por uma distribuição apropriada, sendo mais comum as distribuições Binomial e de Poisson.

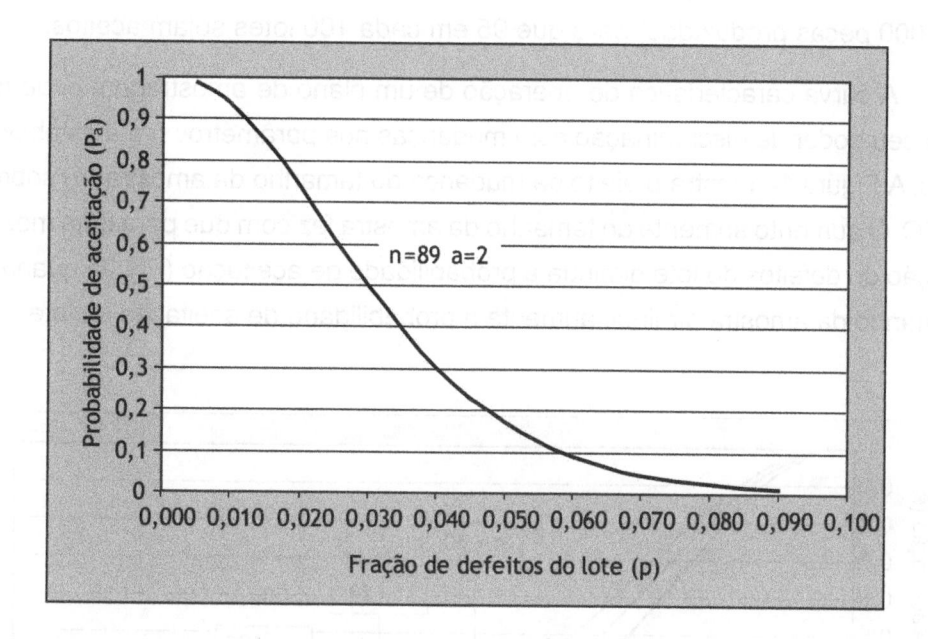

Figura 13 Exemplo de CCO para Plano de Amostragem com n = 89 e a = 2.

A probabilidade de aceitação (P_a) pode ser calculada utilizando a seguinte fórmula de uma distribuição Binomial:

$$P_a = P(d \leq a) = \sum_{d=0}^{a} \frac{n!}{d! \cdot (n-d)!} \cdot p^d \cdot (1-p)^{n-d},$$

em que: p é a taxa de defeitos do lote a ser avaliado.

Ao se variar o valor de p, a CCO é construída, pois a e n são definidos pelo plano de inspeção adotado. Isso pode ser feito utilizando uma planilha eletrônica que tenha a função estatística que calcula a probabilidade pela distribuição Binomial ou de Poisson.

Por exemplo, por meio da CCO desse plano é possível saber de antemão que um lote com uma taxa de defeitos de 2% (0,02) tem a probabilidade de aceitação de aproximadamente 74% (0,74). Para saber isso, apenas entre com o valor de 0,02 no eixo "x" do gráfico da Figura 13 e obtém-se o valor correspondente de P_a no eixo "y". De posse dessa informação, é possível prever que a cada 100 lotes produzidos ou entregues, com taxa de defeitos de 2%, 74 deles serão aceitos e 26 serão rejeitados, desde que a taxa de defeitos fique estável e esse plano de amostragem seja utilizado.

Caso deseje-se saber qual deve ser a taxa de defeitos do processo de produção para que um lote tenha 95% de chances de ser aceito, basta entrar na CCO do plano de amostragem com o valor de P_a igual a 0,95 e ver o valor correspondente de p. Nesse caso, o valor aproximado de p é 0,0092, ou seja, a taxa de defeitos do processo precisará ser igual a 0,92% (92 defeitos a cada 10.000 peças produzidas) para que 95 em cada 100 lotes sejam aceitos.

A curva característica de operação de um plano de amostragem pode mudar seu poder de discriminação com mudanças nos parâmetros n e a estabelecidos. A Figura 14 mostra o efeito da mudança do tamanho da amostra (n) sobre a CCO. O aumento somente do tamanho da amostra faz com que para uma mesma fração de defeitos do lote diminua a probabilidade de aceitação (P_a). Já quando o tamanho da amostra diminui, aumenta a probabilidade de aceitação do lote.

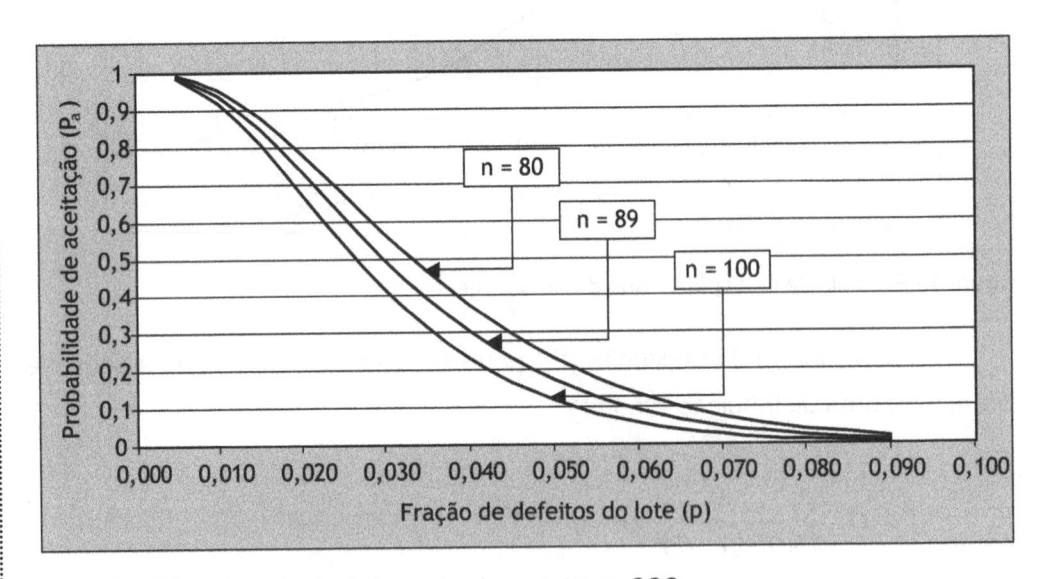

Figura 14 Efeitos da variação do tamanho da amostra na CCO.

A Figura 15 ilustra o efeito somente do aumento ou diminuição do número de aceitação a do plano de amostragem. O aumento somente do número de aceitação acarreta numa discriminação menor, o que faz com que a probabilidade de aceitação aumente; e o inverso pode ser observado quando o número de aceitação diminui. Especificamente quando a é igual a zero, a CCO toma o formato de uma curva exponencial. Vale observar que isso não implica que não serão aceitos lotes com proporção de defeitos maior que zero.

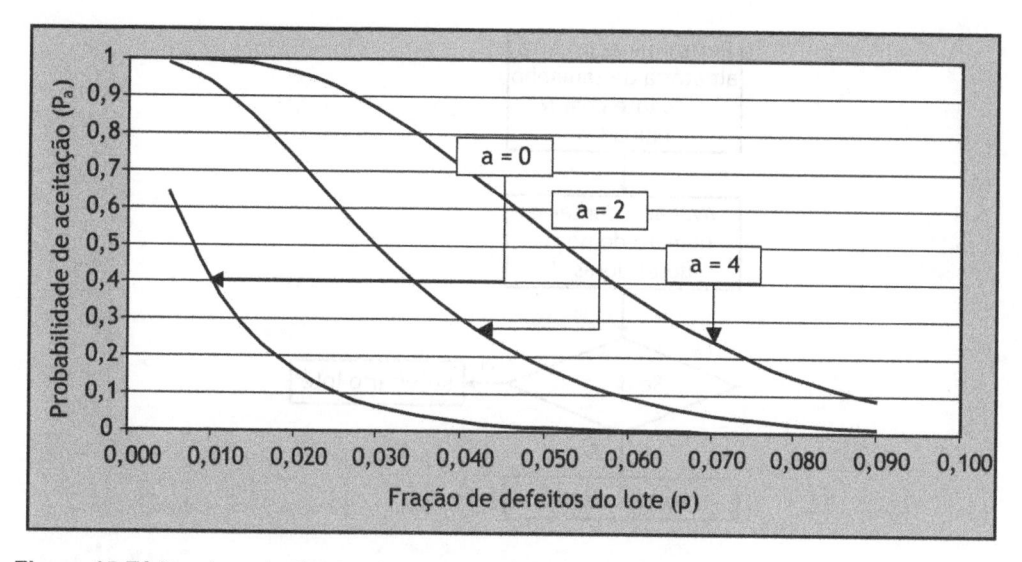

Figura 15 Efeitos da variação do número de aceitação na CCO.

2.2.2 Tipos de amostragem

Existem vários tipos de inspeção por amostragem. Os mais comuns são:

- amostragem simples;
- amostragem dupla;
- amostragem múltipla;
- amostragem sequencial.

Cada um desses tipos será detalhado a seguir de forma sumária.

Amostragem simples

O fluxograma da Figura 16 ilustra o funcionamento da amostragem simples. Nela a decisão sobre aceitar ou rejeitar um lote de itens ou produtos é tomada após ser feita a avaliação da amostra aleatória retirada do lote. A regra de decisão é se o número de defeitos d da amostra não supera a, o número máximo de defeitos tolerados na amostra.

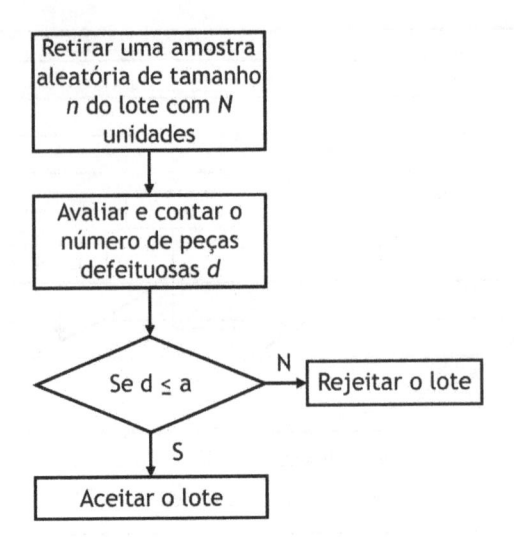

Figura 16 Esquema geral de amostragem simples.

A amostragem simples permite, de forma bem rápida, um julgamento sobre a qualidade do lote de itens a serem inspecionados. Geralmente, esse procedimento requer um número de amostras maior que as outras formas de execução da amostragem. Em compensação, a quantidade de informação é maior e o custo de implantação e administração do plano é menor.

Amostragem dupla

Já na amostragem dupla a decisão de aceitar ou rejeitar um lote não é tomada somente após a primeira amostragem, como ilustra o fluxograma da Figura 17. Caso o lote apresente um número de defeitos (d_1) maior que a aceitação para a primeira etapa (a_1), uma nova amostra é retirada do lote e uma nova avaliação é feita somando-se os números de defeitos encontrados. Então, uma decisão é tomada acerca de aceitar ou rejeitar um lote comparando-se o número total de defeitos na amostra ($d_1 + d_2$) com o número máximo tolerável de defeitos (a_2).

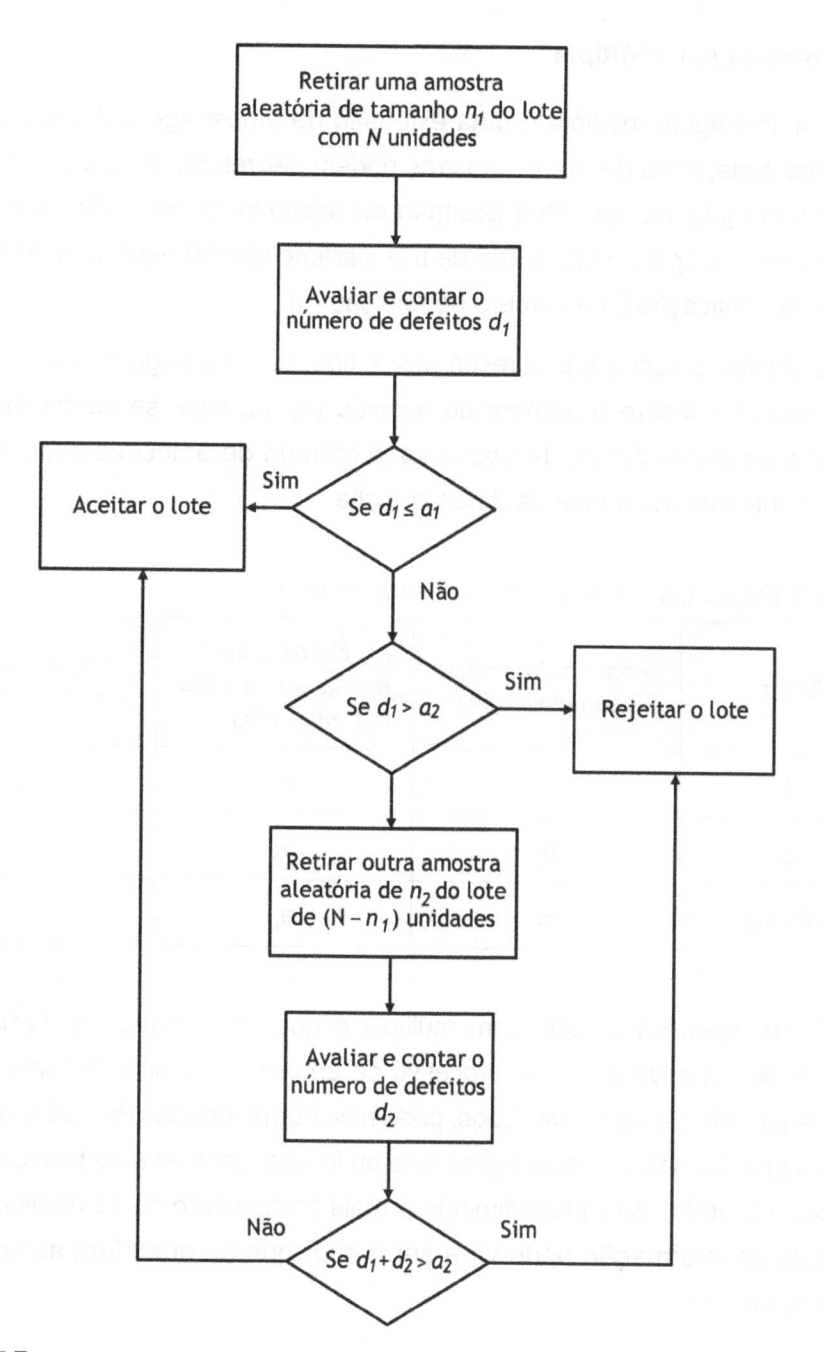

Figura 17 Esquema geral de amostragem dupla.

Caso o produtor (fornecedor) tenha uma taxa de defeitos baixa, existe uma grande probabilidade de o lote ser aceito na retirada da primeira amostra (n_1). Isso faz com que o número de itens inspecionados seja menor e, consequentemente, o custo seja menor e a atividade mais rápida. Contudo, a quantidade de informação é menor em relação à amostragem simples.

Caso o produtor não tenha uma taxa de defeitos pequena, provavelmente, os lotes serão rejeitados após a retirada da segunda amostra (n_2), o que pode encarecer a inspeção por conta do número maior de itens inspecionados ($n_1 + n_2$), mas isso dá mais garantias ao consumidor (cliente) frente a produtores de qualidade sofrível.

Amostragem múltipla

A amostragem múltipla é uma extensão da amostragem dupla vista anteriormente. Nela, mais de duas amostras podem ser retiradas de um lote para se chegar a um julgamento sobre aceitá-lo ou rejeitá-lo. O plano de inspeção por amostragem múltipla é constituído de três parâmetros: número de aceitação (a), número de retificação (r) e número de rejeição (d).

O Quadro 3 ilustra o progresso desse tipo de amostragem, caso o número no estágio não supere o número de rejeição (d), ou seja, se ele for maior que o número de aceitação (a). Nesse caso, a retirada de amostras pode chegar a 100% do lote quando a taxa de defeitos é alta.

Quadro 3 Etapas genéricas de uma amostragem múltipla.

Etapa	Tamanho da amostra acumulativo (n_i)	Número de aceitação de cada etapa (a_i)	Número de retificação (r_i)
1	n_1	a_1	r_1
2	n_2	a_2	r_2
k-ésima	N	a_k	r_k

A vantagem da amostragem múltipla é que as amostras de tamanho n_k, necessárias em cada etapa do processo de amostragem, são menores que nas amostragens simples e duplas. Logo, pode haver uma redução de custos de operação da inspeção, sobretudo se o processo ou fornecedor tiver uma taxa de defeitos pequena. Contudo, esse procedimento é mais difícil e caro de se administrar, e o conteúdo de informação pode vir a ser menor que as duas formas anteriores de amostragens.

Amostragem sequencial

Nesse tipo de amostragem, cada unidade de produto ou item é considerada uma amostra, ou seja, n é igual a 1. Elas são tiradas sequencialmente até que se possa tomar uma decisão sobre rejeitar ou aceitar o lote de onde as amostras foram retiradas. Esse tipo de amostragem pode ser considerado uma extensão da amostragem múltipla. A Figura 18 ilustra o fluxograma dessa forma de inspeção.

Teoricamente a amostragem sequencial poderia chegar até 100% do lote, mas geralmente ela é truncada quando o número de unidades inspecionadas é igual a três vezes o número de unidades que deveriam ser inspecionadas numa amostragem simples.

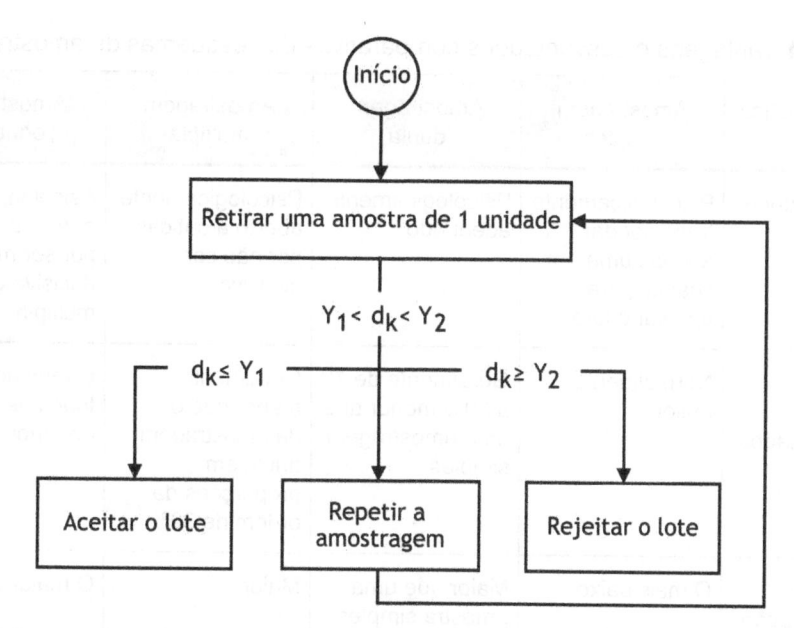

Figura 18 Esquema geral de amostragem sequencial.

Caso a taxa de defeitos do processo ou do lote for pequena, a amostragem torna-se rápida e econômica, porém, o conteúdo de informação resultante da aplicação do plano de amostragem é menor que as anteriores.

Cada um desses planos apresenta vantagens e desvantagens. O Quadro 4 apresenta uma síntese dos esquemas de amostragens apresentados, considerando-se algumas características.

Os planos de amostragem simples, dupla, múltipla ou sequencial, dependendo da forma como foram concebidos, podem atingir resultados equivalentes. Esses planos podem ser estabelecidos para terem a mesma probabilidade de aceitação de um lote, por exemplo.

Quadro 4 Vantagens e desvantagens comparativas dos esquemas de amostragem.

Característica	Amostragem simples	Amostragem dupla	Amostragem múltipla	Amostragem sequencial
Aceitabilidade para o produtor	Psicologicamente fraco por dar apenas uma chance para aprovar o lote	Psicologicamente adequado	Psicologicamente aberto a críticas por não ser decisivo	Psicologicamente aberto a críticas por ser menos decisivo que a múltipla
Número de itens inspecionados por lote	Normalmente maior	Geralmente de 10 a 50% menor que uma amostragem simples	Geralmente menor que o da amostragem dupla em proporções da ordem de 30%	O mínimo de todos os planos de atributos
Custo de administração em treinamento, pessoal, registros, desenhos, etc.	O mais baixo	Maior que uma amostra simples	Maior	O maior de todos
Informações sobre o nível predominante de qualidade em cada lote	O maior número	Menor que na amostra simples	Menor que na amostra dupla	O menor número de todas as amostragens

Dessa forma, alguns fatores podem ser considerados na escolha de um desses planos. São eles:

- eficiência administrativa;
- tipo de informação produzida;
- quantidade média de inspeção requerida;
- impacto que o procedimento pode ter no fluxo de materiais tanto no processo de produção quanto no recebimento de materiais.

Dependendo do tipo de informação que se deseja acumular para o conhecimento do produtor ou do processo de produção, pode ser interessante num primeiro momento a adoção de um procedimento de inspeção simples. Já num processo de produção cujo volume é alto e a taxa de defeitos é baixa, pode ser interessante chegar rapidamente a uma decisão por meio de procedimento de amostragem sequencial.

As possibilidades são inúmeras e dependem do contexto no qual a inspeção por amostragem para aceitação for aplicada. O importante para a escolha é o profissional, ou profissionais envolvidos, conhecer as vantagens e desvantagens de cada procedimento e avaliar os efeitos construindo a CCO de cada plano escolhido associado ao tipo de amostragem.

2.3 Formação de lotes

A maneira como um lote de inspeção é formado pode influenciar a eficiência e eficácia de um plano de amostragem para aceitação. Por exemplo, se um lote de produção é formado após um dia de trabalho, a produção foi feita em dois turnos, além do fato de que o operário de um dos turnos é mais habilidoso que o outro e consegue atingir uma taxa de defeitos bem menor, não será possível detectar o defeito produzido quando o operário menos habilidoso estiver operando a máquina.

Portanto, algumas diretrizes para a formação de lotes se fazem necessárias:

1. *os lotes devem ser homogêneos*: as unidades que compõem o lote que será extraída a amostra deverão, sempre que possível, vir da mesma máquina, operada pelo mesmo operador, sob as mesmas condições e utilizando sempre a mesma matéria-prima;

2. *não acumular produtos ou itens por grandes períodos de tempo*: durante esse período, variações poderão ocorrer e a homogeneidade é impossível de se atingir – vale considerar a vida do produto ou efeitos do tempo como cura, etc.;

3. *grandes lotes são preferíveis a pequenos lotes*: geralmente os primeiros são mais econômicos para inspecionar e as amostras retiradas não precisam ser tão grandes;

4. *utilizar informações secundárias*: capacidade de processo, históricos de inspeção, etc. ajudam muito quando a inspeção é feita de forma não sistemática ou em lotes pequenos;

5. *os sistemas de manuseio de materiais devem ser similares tanto no fornecedor quanto no cliente*: os itens devem ser acondicionados de forma a minimizar os riscos ao se manusear os lotes e facilitar a retirada da amostra.

As unidades selecionadas de um lote para a formação da amostra devem ser escolhidas aleatoriamente de tal forma que a amostra seja representativa. O conceito de aleatoriedade é fundamental porque sem ele poderá ocorrer introdução de alguma tendência na retirada da amostra. Essa tendência pode conduzir a um erro de avaliação, fazendo, por exemplo, um lote "ruim" parecer "bom" e, portanto, ser aceito. Por vezes, ao saber como a amostra é retirada, um produtor menos honesto pode colocar as peças boas, previamente inspecionadas, no local da retirada da amostra. Isso mascara a qualidade do lote e leva a decisões erradas.

Uma técnica tradicional, mas que às vezes não é muito operacional, é utilizar números aleatórios gerados por computadores ou calculadoras, ou ainda tabelas de números aleatórios. Os itens do lote precisam de alguma forma ser numerados ou que números sejam associados a eles, assim a retirada da amostra é feita de acordo com os números aleatórios gerados pelo computador ou retirados da tabela. Em situações nas quais números não possam ser associados aos itens do lote, pode-se associar à localização deles no *pallet*, um número para a altura, outro para o comprimento e outro para a profundidade.

Quando o lote não for homogêneo, o melhor é retirar uma amostra estratificada. A ideia é tentar identificar estratos no lote, tais como em que turno foi produzido ou de que máquinas vieram os itens. Depois, constituir o tamanho da amostra proporcionalmente aos estratos de forma aleatória.

Tendências típicas que podem ser introduzidas na constituição de uma amostra são:

- amostras retiradas sempre do mesmo local do *container* ou *pallet*;
- pré-selecionar o lote de forma a retirar aqueles itens que aparentam estar *conformes* ou *não conformes*;
- ignorar partes do lote que sejam inconvenientes ou difíceis de retirar itens;
- decidir por uma forma de estratificar sem conhecimento suficiente do lote.

A fim de evitar tais vícios e garantir a aleatoriedade na constituição da amostra, procedimentos devem ser escritos e auditados de forma que garanta o bom andamento da atividade de inspeção.

2.4 Planos de amostragem para aceitação por atributos

Um plano de amostragem para aceitação por atributos é constituído por um tamanho de amostra a ser retirado do lote e pelos critérios de aceitação e rejeição desse lote. Um esquema de amostragem é definido como um conjunto de procedimentos de planos de amostragem. Por fim, um sistema de inspeção é a coleção de um ou mais esquemas de amostragem.

O Quadro 5 apresenta os vários planos de amostragem por atributos existentes em termos do objetivo de cada um deles.

Quadro 5 Procedimentos de amostragem de aceitação por atributos.

Objetivo	Planos de amostragem
Assegurar níveis de qualidade para o consumidor/produtor	Selecionar o plano para uma CCO específica
Manter a qualidade num determinado nível (*target*)	Sistema NQA (NBR 5426)
Assegurar nível de qualidade média resultante	Planos Dodge-Romig
Reduzir inspeção (amostras pequenas com bom histórico de qualidade)	Amostragem da Cadeia
Reduzir a inspeção após bom histórico de qualidade	*Skip-lot* ou amostragem dupla
Assegurar que a qualidade não se deteriore	Plano FDTL Planos Dodge-Romig

Serão abordados os planos de NQA e *skip-lot* devido à grande difusão deles nas empresas da indústria brasileira.

2.4.1 Plano de NQA

O plano de NQA de inspeção para aceitação por atributos foi desenvolvido durante a Segunda Guerra Mundial e publicado pela primeira vez nos Estados Unidos, em 1950, como MIL-STD-105A, e desde então sofreu algumas revisões. Apesar de ser um plano baseado em uma norma militar, existe uma versão civil da norma denominada ANSI/ASQC Z1.4. Esse plano é amplamente adotado no mundo, tornando-se quase como um padrão de inspeção por amostragem de atributos. No Brasil, essa norma foi traduzida pela Associação Brasileira de Normas Técnicas (ABNT), sendo denominada NBR 5426.

O plano de NQA é na realidade um sistema de amostragem por aceitação porque ele tem uma coleção de esquemas de inspeção por amostragem. A norma estabelece três tipos de amostragens com base no NQA:

- amostragem simples;
- amostragem dupla;
- amostragem múltipla.

Esses tipos de amostragem já foram apresentados e explicados anteriormente. Para cada um deles, existem três níveis de severidade de operação do plano:

- normal;
- severa;
- atenuada.

Quando se inicia o processo de amostragem seguindo a norma, se adota nível de severidade *normal*. Dependendo do histórico de qualidade do fornecedor ou processo, o nível pode ser mudado para *severa* (quando há uma deterioração no histórico de qualidade) ou *atenuada* (quando o histórico de qualidade vem sendo excepcionalmente bom). Existem critérios para julgar o histórico de qualidade com vistas à troca de nível. A Figura 19 traz essas regras e ilustra como a passagem de nível de inspeção pode acontecer. Quando mais de dez lotes consecutivos ficam no regime de inspeção severa, deve-se parar de utilizar a inspeção por amostragem com base na norma de NQA e fazer uma análise do processo visando uma melhoria de seu nível de qualidade ou, então, passar a utilizar inspeção 100%, caso seja possível.

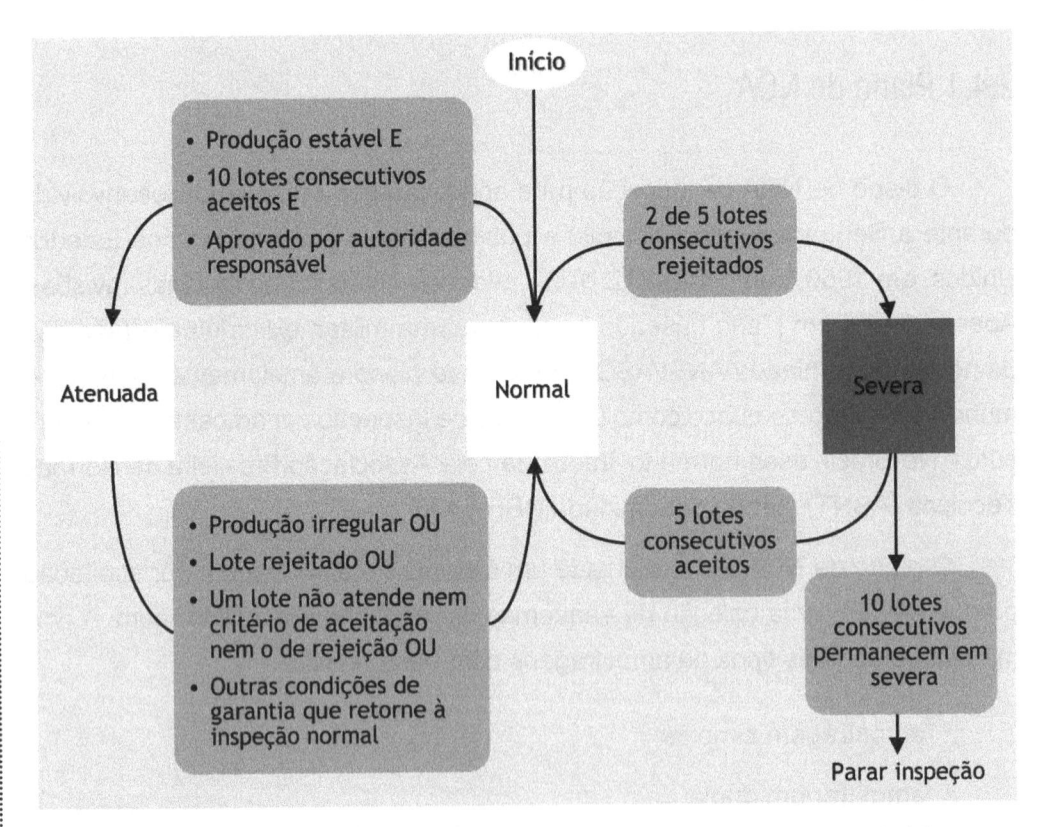

Figura 19 Critérios e esquema de passagem de níveis de severidade do plano de NQA.

O parâmetro mais importante da NBR 5426 é o NQA. A norma é indexada em relação a uma série de valores de NQA. Vale observar que o valor de NQA pode ser designado em contrato e podem ser adotados diferentes NQAs dependendo das características da qualidade avaliadas. Todavia, isso pode elevar os custos de administração dos planos. O NQA pode representar a porcentagem de defeitos esperada num lote ou no processo de produção ou o número máximo de defeitos tolerados. Na Tabela de NQA da NBR 5426[3] estão ilustrados valores de porcentagem de defeitos para até 10%. Depois desse valor, os valores referem-se à quantidade de defeitos tolerados no lote.

O tamanho da amostra é determinado a partir do tamanho do lote (N) a ser inspecionado e pela escolha do nível geral de inspeção. Existem três níveis gerais de inspeção:

- o nível II é designado como padrão;
- o nível I requer a metade da quantidade de inspeção do nível II e é utilizado quando se deseja menos discriminação;
- o nível III requer duas vezes mais inspeção que o nível II e, portanto, deve ser utilizado quando se requer maior discriminação possível.

Além desses três, existem outros quatro níveis especiais, denominados S_1, S_2, S_3 e S_4. Os níveis especiais devem ser utilizados somente quando as amostras forem pequenas e altos riscos puderem ser tolerados, isto é, são itens que não colocam em risco a segurança e a satisfação dos clientes. Esses valores podem ser encontrados na tabela correspondente da Norma NBR 5426.

Vale observar que os níveis gerais de inspeção não devem ser confundidos com os níveis de severidade de operação do plano (atenuada, normal e severa). Os primeiros são utilizados no desenvolvimento do plano de amostragem e os últimos na operação do plano de amostragem escolhido. Dessa forma, uma vez escolhido o nível II, ele não será alterado, a menos que isso seja estabelecido por uma pessoa com autorização para tanto. Já os níveis normal, atenuada e severa são independentes dos níveis I, II e III e S_1, S_2, S_3 e S_4 estabelecidos *a priori*.

Com o valor de NQA e o tamanho da amostra (*n*), os parâmetros *a* e *r* do plano de amostragem simples são determinados utilizando a norma. As tabelas de NQA são para amostragem simples, dupla e múltipla e para os níveis de severidade (normal, atenuada e severa).

O procedimento para utilizar a norma de NQA é o seguinte:

1. estabelecer o NQA;
2. determinar o tamanho do lote;
3. escolher o nível geral de inspeção (I, ou II, ou III, ou especial);
4. determinar a letra na tabela correspondente da NBR 5426;

---

[3] A Tabela pode ser adquirida juntamente com a ABNT.

5. determinar o tipo de inspeção e o nível de severidade para escolher a tabela correspondente a eles;

6. de posse da letra e do NQA, encontrar o tamanho da amostra (n) e depois os números de aceitação (a) e rejeição (r);

7. caso haja mudança no nível de severidade, retornar ao passo 5.

Por exemplo, para um lote de 10.000 itens foram escolhidos NQA 0,25, como porcentagem de defeitos esperados no lote, e nível geral de inspeção II. A partir do tamanho do lote, a letra correspondente na Tabela de codificação de amostragem da NBR 5426 é L. Adotando inspeção normal, visto que o uso inicial de um plano é sempre com esse tipo de inspeção, na Tabela de plano de amostragem simples da NBR 5426 com a letra L, o tamanho da amostra (n) é 200 itens. No encontro da coluna de NQA 0,25 e linha da letra L, na mesma Tabela, encontram-se os valores de a igual a 1 item, e r igual 2 itens, ou seja, tomando-se uma amostra aleatória de 200 itens de um lote de 10.000, o lote será aceito se o número de não conformidades for menor ou igual a 1 item na amostra.

Caso seja necessário passar para inspeção atenuada, utilize a Tabela de plano de amostragem simples atenuada da NBR 5426. Com a letra L, o tamanho da amostra passa a ser 80 itens, a é 0 e r é 2. Quando for encontrado nos locais dos valores de a e r uma seta, adote os valores de a e r indicados ao final da seta.

2.4.2 Plano *Skip-lot*

Os planos de *skip-lot* foram propostos inicialmente por Dodge em 1956, mas hoje existem variações. O objetivo foi estabelecer um plano de amostragem que proporcionasse progressivamente uma redução do número de lotes inspecionados em face da estabilidade ou melhoria de qualidade do processo do fornecedor. Dessa forma, os custos de inspeção poderiam ser reduzidos.

O funcionamento desse plano é o seguinte: se o fornecedor apresenta um histórico de qualidade muito bom e estável, após certa quantidade de lotes aceitos consecutivamente, somente uma parcela deles (fração) passará a ser inspecionada. Caso o histórico de qualidade se mantenha, a fração de lotes inspecionados poderá ser reduzida mais ainda, de forma que os custos de inspeção sejam reduzidos. Se por um algum motivo um lote for rejeitado, então, volta-se ao estágio inicial em que todos os lotes são inspecionados.

Na verdade, o plano *skip-lot* é uma aplicação da amostragem contínua (não vista neste livro) aos lotes a serem inspecionados ao invés de itens individuais a serem avaliados numa linha de montagem.

O plano de *skip-lot* utiliza um plano de amostragem chamado de "plano de referência de inspeção", que contém o valor de *n* e *a*, conjuntamente com as seguintes regras:

1. começar com inspeção normal, utilizando o plano de referência – neste estágio de operação do plano todos os lotes são inspecionados;

2. quando *i* consecutivos lotes forem aceitos pela aplicação da inspeção normal, mudar para o esquema *skip-lot* passando a inspecionar somente uma fração *f* dos lotes recebidos;

3. quando um lote é rejeitado no esquema de *skip-lot*, retornar à inspeção normal, ou seja, à etapa 1.

O parâmetro *i* é um número inteiro maior que zero e *f* é um número que cai no intervalo $0 < f < 1$. Quando *f* é igual a 1, o plano de amostragem é o plano de inspeção normal utilizado antes do esquema de *skip-lot*. Valores de *i* e *f* podem ser determinados a partir dos planos de SkSP-2. Eles permitem a manutenção do histórico de qualidade do fornecedor, de forma que a frequência de inspeção dos lotes recebidos vá aumentando e, consequentemente, os custos de inspeção vão diminuindo.

Vale destacar que a utilização dos planos de *skip-lot* só é interessante quando o histórico de qualidade do fornecedor é muito bom ou o processo de produção dele está sob controle estatístico e apresentando alta capacidade de atender às especificações. Caso contrário, o emprego do plano de *skip-lot* irá trazer mais problemas e custos que os benefícios esperados.

Os planos de *skip-lot* vêm sendo amplamente adotados por empresas do mundo todo, pois são muito efetivos e podem ser muito úteis num sistema de inspeção reduzida. Vale lembrar que esses benefícios somente se tornarão realidade se houver um bom histórico do fornecedor.

2.5 Inspeção retificadora

A inspeção retificadora é utilizada em situações nas quais o consumidor deseja uma proteção maior contra fornecedores que, cientes dos riscos do consumidor e do produtor, inerentes a um esquema de inspeção por amostragem, tendem a reapresentar um lote rejeitado na tentativa de ele ser aprovado numa segunda, terceira, quarta ou enésima tentativa.

Para ilustrar isso, veja qual é a probabilidade de aceitação de um lote com uma proporção de defeitos *p* igual a 0,01, utilizando o plano de inspeção cuja CCO está ilustrada na Figura 13. Seguindo a reta a partir do valor 0,01 no eixo "x" do gráfico da Figura 13, obtém-se um valor aproximado de 0,92, ou seja, a chance de um lote com essa proporção ser aceito é de 92%. Isso implica que a chance de ser rejeitado é de 0,08, ou 8%. E a chance de ser rejeitado duas vezes seguidas é 0,08 (chance da primeira rejeição) multiplicado por 0,08 (chance da segunda rejeição) porque a probabilidade é de ser rejeitado uma vez e outra vez. Logo, a probabilidade é 0,08^2 que é igual a 0,0064, ou seja, 0,64%. Se p for maior, por exemplo, 0,02, a probabilidade de dois lotes serem rejeitados seguidamente é 0,30^2 que é igual a 0,09, ou seja 9%. Isso pode ser um incentivo à reapresentação de um lote rejeitado, caso ele não seja devolvido ao fornecedor. Naturalmente que os valores apresentados aqui são particulares de um exemplo de um plano de amostragem cuja CCO está ilustrada na Figura 13, mas o raciocínio é o mesmo para qualquer plano de amostragem. Para tanto, basta construir a CCO e conhecer a taxa de defeitos do lote ou do processo.

Diante desse quadro, na inspeção retificadora todo lote rejeitado não é devolvido ao fornecedor. Ele é segregado pelo cliente e o fornecedor é convocado a inspecioná-lo 100%, substituindo todas as unidades *não conformes* encontradas no lote por unidades *conformes*. O resultado é um lote com 100% de peças *conformes*. Daí o nome de inspeção retificadora, porque todos os lotes rejeitados são retificados.

A inspeção retificadora está esquematizada na Figura 20.

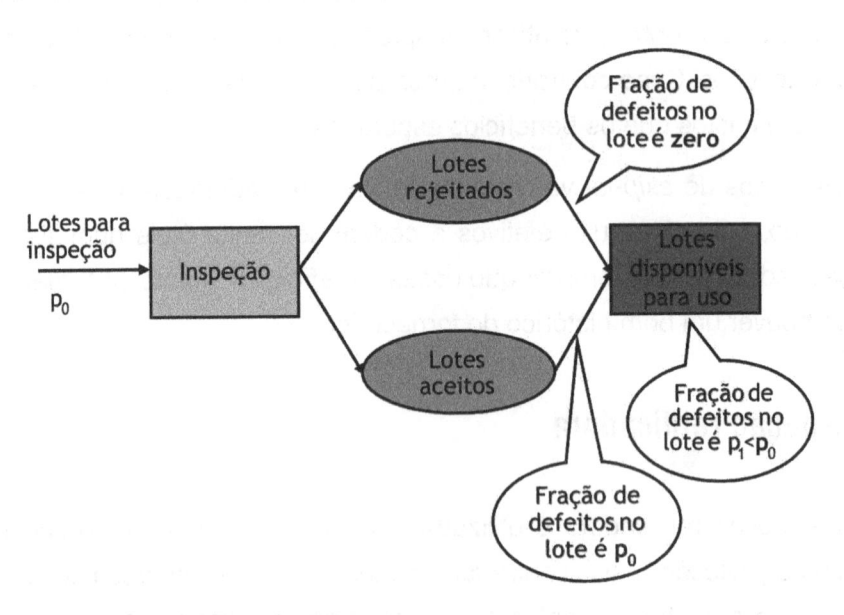

Figura 20 Esquema da inspeção retificadora.

Lotes com proporção de defeitos p_0 são inspecionados de acordo com um esquema e um plano de amostragem e são rejeitados ou aceitos. Aqueles aceitos não têm suas proporções de defeitos alteradas, mas os rejeitados passam a apresentar proporção zero, em razão do esquema de retificação. Dessa forma, os lotes disponibilizados para o consumo passam a ter uma proporção menor p_1 que os originais, que eram p_0. Isso é vantajoso para o consumidor, entretanto, pode ser danoso para o fornecedor dependendo do plano adotado ou da piora da proporção de defeitos do processo em virtude dos custos altos de retificação. O consumidor também pode enfrentar um aumento de preço por parte do produtor para fazer frente a esses custos. E essa não é a situação ideal.

A proporção média de defeitos dos lotes disponíveis para o consumo também é denominada Qualidade Média Resultante (QMR). Ela pode ser calculada a partir da fórmula:

$$QMR = \frac{P_a \cdot p \cdot (N-n)}{N}, \text{ em que:}$$

- P_a é a probabilidade de aceitação do lote para um determinado p, obtida na CCO ou calculada com base na distribuição Binomial;
- p é a proporção de defeitos do lote;
- N é o tamanho do lote julgado;
- n é o tamanho da amostra a ser inspecionada.

Para diferentes valores de taxa de defeitos no lote ou processo de produção p, pode-se obter no gráfico a QMR para um determinado plano de inspeção em regime de inspeção retificadora. A Figura 21 ilustra a QMR de um plano cujo número de aceitação (a) é igual a 2 e o tamanho da amostra (n) é 125.

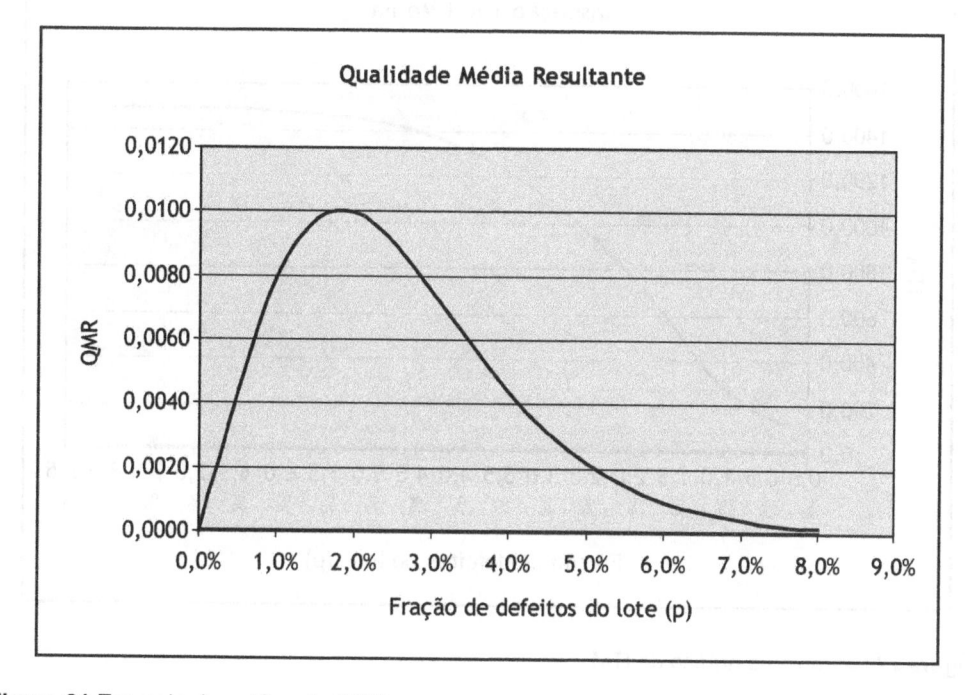

Figura 21 Exemplo de gráfico de QMR.

Vale destacar que um processo pode apresentar variação na sua proporção de defeitos e com o gráfico de QMR é possível verificar os efeitos. Por exemplo, caso haja um aumento de 1,0 para 2,0%, praticamente será atingida a Qualidade Média Resultante Limite (QMRL), em que a partir dela a QMR melhorará, mas, como consequência, haverá o aumento das inspeções retificadoras. Isso significa que os custos da qualidade do fornecedor irão aumentar com o aumento das inspeções 100% e as substituições dos itens *não conformes*.

Outro parâmetro associado à inspeção retificadora é a Inspeção Total Média (ITM). A ideia é calcular, com base na probabilidade de aceitação de um lote inspecionado, a proporção de defeitos dele e a quantidade de itens a serem inspecionados. Caso um lote seja aceito, a quantidade é o tamanho da amostra, *i.e.*, *n* peças. Entretanto, se ele for rejeitado, serão inspecionadas as outras peças que não fizeram parte da amostra, *i.e.*, *N – n* peças. Isso tem a chance de acontecer $(1 - P_a)$ vezes. Assim, a ITM é dada por:

$$ITM = n + (1 - P_a) \cdot (N - n)$$

Para diferentes valores de taxa de defeitos no lote ou processo de produção *p*, pode-se obter no gráfico o valor de ITM para um determinado plano de inspeção em regime de inspeção retificadora. A Figura 22 apresenta a ITM de um plano cujo número de aceitação (*a*) é igual a 2 e o tamanho da amostra (*n*) é 125.

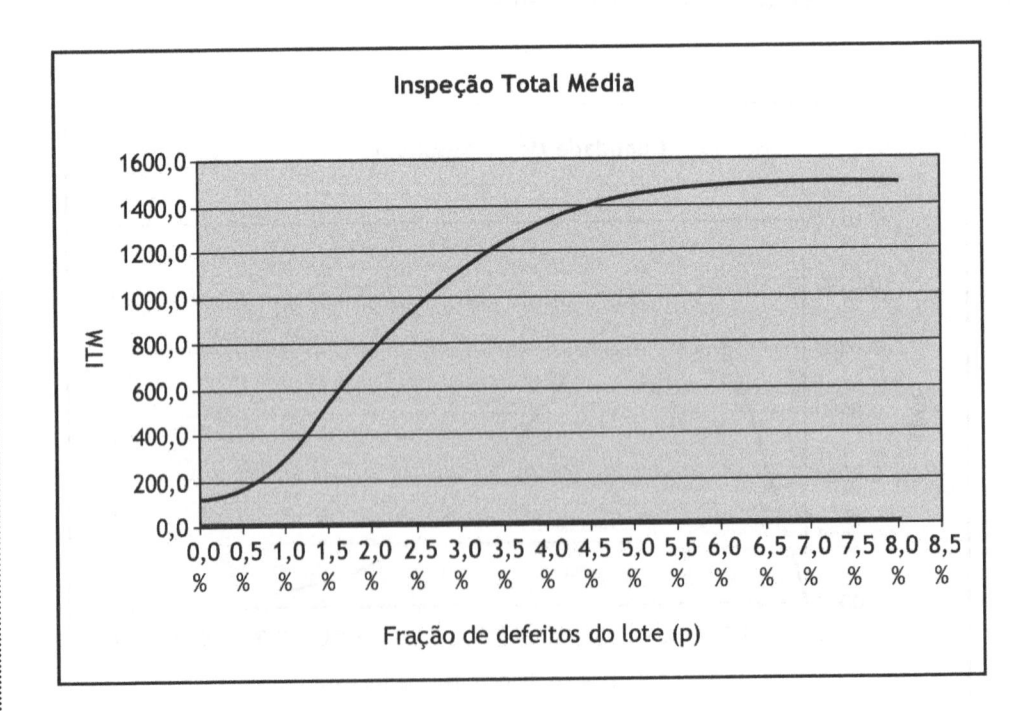

Figura 22 Exemplo de gráfico de ITM.

À medida que o valor de *p*, proporção de defeitos dos lotes ou do processo de produção, aumenta, as chances de os lotes serem rejeitados também aumentam, e, portanto, de eles serem retificados. Consequentemente, o número de itens inspecionados aumenta. O resultado é um aumento dos custos de avaliação, seja pela necessidade de mais inspetores ou de horas extras, que pode afetar a margem ou competitividade de um produto. Além disso, pode haver necessidade de estoques para evitar paradas de produção por falta de abastecimento, acarretando custos mais altos, margens menores ou prejuízos.

O uso combinado dos gráficos de CCO, QMR e ITM permite uma análise do desempenho de um plano de inspeção e os custos incorridos com o funcionamento dele em função da qualidade do lote ou processo de produção de taxa de defeitos. Além disso, é possível prever os efeitos no desempenho e nos custos quando a proporção de defeitos, *p*, do lote ou do processo se altera, permitindo uma gestão melhor das atividades de inspeção no controle de qualidade.

2.6 Seleção de planos de amostragem

Existem muitos planos de amostragem por atributos com diversos procedimentos. É fundamental selecionar um procedimento que seja mais apropriado para a situação à qual ele será empregado. Isso dependerá da natureza da própria aplicação do plano, do histórico de qualidade do processo ou do fornecedor e do alcance do conhecimento do processo e do produtor.

A Figura 23 ilustra os passos para implantação de planos de amostragens de aceitação por atributos. O *feedback* poderá exercer certa pressão para que o processo ou o fornecedor melhore seu histórico de qualidade e não simplesmente fique acomodado sabendo que uma quantidade de lotes "ruins" será aceita e outra de lotes "bons" será rejeitada em função da capacidade de discriminação do plano de amostragem adotado. Outra situação é quando um lote é rejeitado e devolvido ao fornecedor e ele tenta submetê-lo novamente para ver se será aceito. Nessas situações pode-se lançar mão de inspeção retificadora, em que todo lote rejeitado é inspecionado 100% e os itens *não conformes* são substituídos por itens *conformes*.

A utilização dos planos de amostragem numa organização precisa periodicamente ser revista para que sejam atualizados de acordo com mudanças ocorridas no histórico de qualidade e no aumento do conhecimento do processo e do produtor. Os planos não podem ser estáticos, ainda que isso implique em treinamento e num período de adaptação. Eles precisam acompanhar a evolução e dinâmica do ambiente em que estão inseridos, e o objetivo deve ser sempre reduzir os níveis de inspeção sem deterioração da garantia da qualidade.

Os estágios do ciclo de vida de um plano de inspeção são:

1. preparatório;
2. início;
3. operacional;
4. eliminação de fases;
5. eliminação.

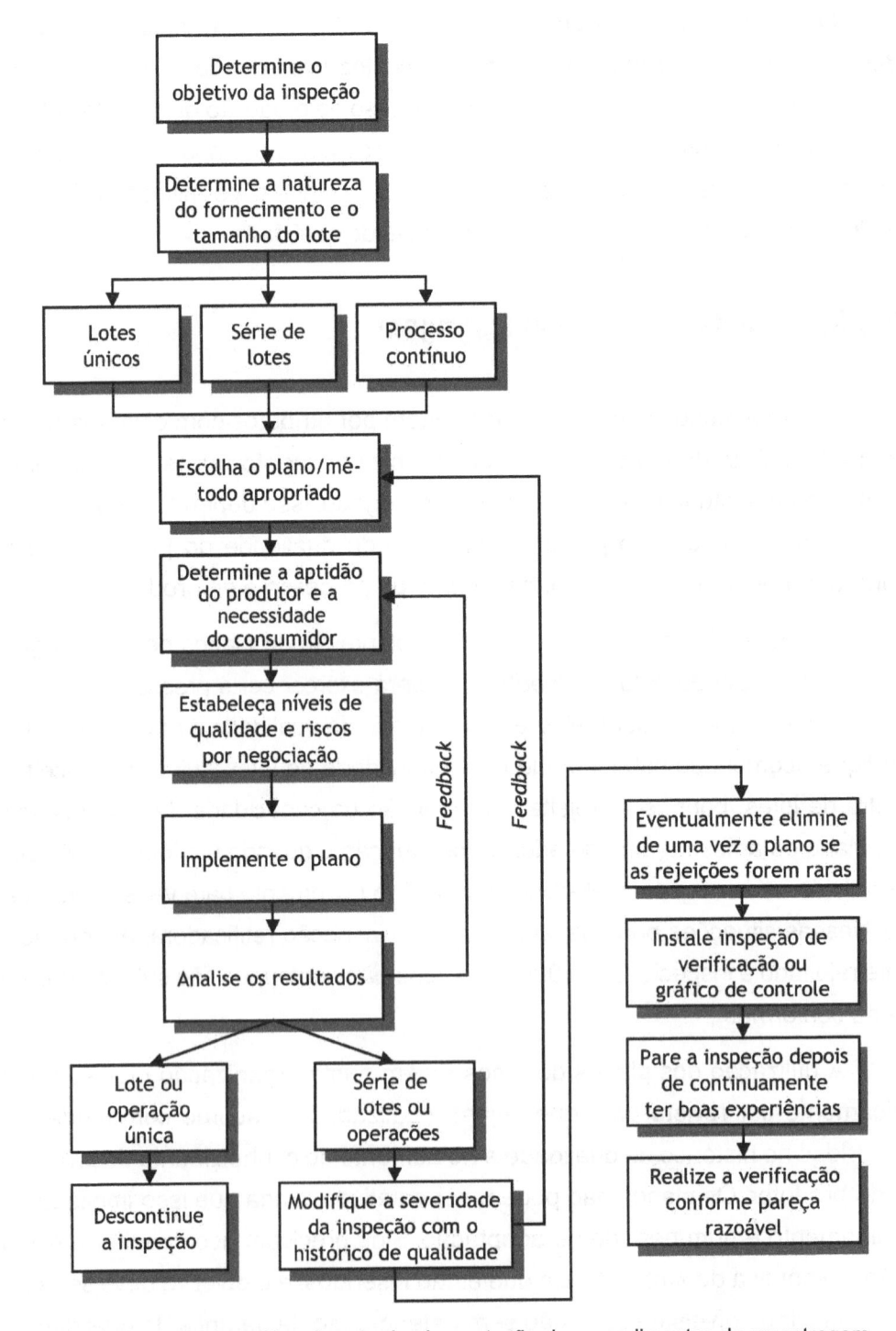

Figura 23 Sequência de verificação para implementação de procedimentos de amostragem.

O Quadro 6 contém os passos e os métodos de cada um desses estágios.

Quadro 6 Ciclo de vida dos planos de amostragem.

Estágio	Passo	Método
Preparatório	Escolher o plano apropriado ao objetivo	Análise do sistema de qualidade para definir a exata necessidade para o procedimento
	Determinar a aptidão do produtor	Avaliação de desempenho do processo usando gráficos de controle
	Determinar as necessidades do consumidor	Estudo da aptidão do processo
	Estabelecer níveis de qualidade e riscos	Análise econômica e negociação
	Determinar o plano	Procedimentos-padrão, se possível
Início	Treinar o inspetor	Incluir o plano, procedimento, registros e atitude a ser tomada
	Aplicar os planos de forma apropriada	Assegurar a amostragem aleatória
	Analisar os resultados	Manter os registros e os gráficos de controle
Operacional	Avaliar a proteção	Periodicamente verificar o histórico da qualidade e a CCO
	Ajustar o plano	Quando possível, mudar a severidade para ser coerente com o histórico da qualidade e o custo
	Diminuir o tamanho da amostra, apresentando justificativa	Modificar para usar os planos apropriados de amostragem tirando vantagem da credibilidade do fornecedor com resultados acumulados
Eliminação de fases	Eliminar o esforço de inspeção onde for possível	Usar classificação por deméritos ou verificar os procedimentos quando a qualidade é consistentemente boa
		Manter os gráficos de controle
Eliminação	Verificação ocasional somente	Eliminar todas as inspeções quando justificado por longo histórico favorável

O controle de qualidade executado por meio de amostragens para aceitação deve se adequar à dinâmica do ambiente fabril e proporcionar a melhor proteção possível à organização, ao menor custo e com a maior rapidez possível de resposta. Logo, os planos precisam ser devidamente administrados para colaborarem efetivamente para a garantia da qualidade.

UNIDADE 3

Controle Estatístico de Processo

A variação é inerente ao ser humano e àquilo que ele produz. Tomando como exemplo as folhas de papel que foram impressas as cópias deste livro, certamente todas elas não apresentaram a mesma gramatura e nem a mesma umidade. Dependendo da variação dessas características, qualidade das folhas de papel, a operação da máquina impressora pode ser mais difícil ou mais fácil, aumentando ou não o refugo de cópias e, consequentemente, aumentando o tempo de espera ou de entrega dos pedidos de cópia. Para que isso não ocorresse, o ideal seria que todas as folhas tivessem sempre a mesma gramatura e umidade, e esses valores estivessem iguais ou bem próximos do ideal (especificado) para a operação perfeita da máquina.

O mesmo exemplo se aplica ao serviço de transporte urbano. Imagine se não houvesse variação, o ônibus passaria nos pontos de parada sempre no mesmo horário. Isso seria muito bom, pois os passageiros sempre tomariam o ônibus na mesma hora, não correndo o risco de perdê-lo, mesmo chegando no horário, por ele já ter passado, ou de ficar esperando por ele estar atrasado.

Por meio desses exemplos simples e cotidianos, é possível notar que todo processo, seja ele de manufatura ou prestação de serviço, varia. Assim, os produtos ou serviços resultantes de tais processos também apresentam variação em suas características da qualidade que satisfazem as necessidades dos clientes.

Quando a variação é muito grande, ela passa a influenciar de forma negativa a qualidade do produto ou serviço percebida pelo cliente. Quem deseja consumir um produto ou serviço que a cada vez proporciona um resultado diferente e inesperado? A variação excessiva aumenta a sensação de risco do consumidor e pode fazer com que ele decida pelo produto ou serviço do concorrente, caso haja essa opção. Assim, a variação pode ter impacto na competitividade de uma organização, sendo um fator que pode comprometer sua sobrevivência.

Toda variação pode ser decomposta em duas componentes: uma inerente ou esperada ao processo e outra inesperada ou que pode surgir esporadicamente. A redução ou remoção da variação inerente requer uma mudança no processo. Já a variação esporádica pode ser identificada e bloqueada para não aumentar a variação por meio da identificação de sua causa. Além disso, a primeira pode ser quantificada e comparada com a quantidade de variação que é tolerável no processo, dada pela especificação do produto ou processo, e, por conseguinte, no produto de forma a avaliar a aptidão do processo em fabricar o produto ou prestar o serviço ao cliente. O conhecimento da variação inerente ao processo pode ser utilizado como um padrão para verificar se o processo continua estável ao longo do tempo.

Esses foram os conceitos que guiaram o trabalho do Dr. Walter A. Shewhart para encontrar uma solução ou minimizar a variação inerente aos processos de produção na década de 20 do século passado, no *Bell Telephone Laboratories*. Ele e sua equipe desenvolveram o método de Controle Estatístico de Processo (CEP).

Por meio de gráficos de controle, é possível identificar se a variação de um processo é fruto somente da ação daquelas causas comuns a ele (sempre presentes) ou se ela também é resultado de outras causas, ditas especiais (esporádicas). A identificação ocorre enquanto o processo está sendo operado de forma que o aparecimento de causas ou a tendência ao aparecimento delas possam ser identificados antes que todas as unidades do produto tenham sido produzidas, permitindo, dessa forma, algum tipo de ação corretiva.

Apesar de ter sido desenvolvido há quase cem anos, mais precisamente na década de 20, somente em meados dos anos 80 do século passado é que algumas empresas ocidentais começaram a utilizar efetivamente o CEP para melhorar a qualidade de conformação de seus produtos. O grande indutor dessa redescoberta do CEP foi o sucesso de algumas empresas japonesas em termos de qualidade e produtividade. Outra grande contribuição foi o legado de W. Edwards Deming que foi quem levou o CEP para os japoneses durante a reconstrução do Japão após a Segunda Guerra Mundial.

Infelizmente, muitas empresas brasileiras ainda não descobriram as vantagens de utilizar o CEP para controlar a variação dos processos para ter um produto ou serviço mais uniforme e previsível para o cliente. Vale observar que o CEP não é a solução de todos os problemas de qualidade e produtividade de uma organização, mas com certeza é parte de uma estratégia coordenada para controle e melhoria contínua da qualidade.

3.1 Visão de processo

Imagine um processo qualquer. Por exemplo, o processo de fabricação das folhas de papel utilizadas para a impressão deste livro. No plano ideal, tal processo deveria produzir todas as folhas sem qualquer erro, ou seja, a gramatura, a cor, a umidade e as dimensões deveriam estar dentro da especificação do produto para uma impressão sem problemas. Aparentemente, esse processo não necessitaria de controle qualquer, uma vez que ele sempre apresentaria o mesmo resultado. Todavia, essa situação não existe até o momento, e na grande maioria das empresas é sempre necessário controlar um processo para avaliar se ele está ou não produzindo resultados iguais ou próximos aos esperados (planejados). Isso ocorre em virtude de uma série de fatores e não cabe aqui listá-los.

Um processo qualquer, seja ele de produção ou prestação de serviços ou até mesmo de administração, é composto de entradas, atividades de processamento e saídas. A Figura 24 ilustra esquematicamente essa visão de um processo como um fluxo de transformação de informações e/ou materiais.

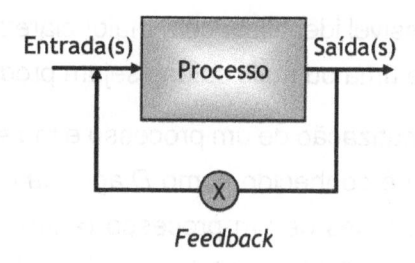

Figura 24 Visão de processo como um fluxo.

Vale destacar que essa forma tradicional de esquematização de um processo enfatiza o fluxo de transformação que ocorre. Isso é aplicável para materiais, como por exemplo uma chapa de aço que entra, é processada e como resultado sai uma porta de um automóvel do processo de estampagem, ou na situação em que a cana-de-açúcar entra e o álcool ou açúcar sai do processo. A mesma lógica pode ser aplicada para processos de prestação de serviço. Um carro necessitando de abastecimento entra num posto de combustível e sai do processo de abastecimento com determinada autonomia de rodagem. Dependendo da necessidade, o processo pode ser detalhado nas várias etapas que o constituem.

Outra representação de um processo é o diagrama denominado SIPOC, muito em uso atualmente dentro do método de solução de problemas dos programas *Seis Sigma*. A Figura 25 ilustra, de forma genérica, um diagrama SIPOC para representação de um processo que também enfatiza o fluxo de transformação.

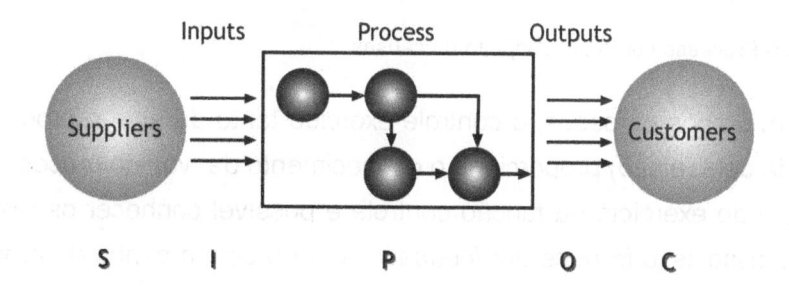

Figura 25 Diagrama SIPOC.

A sigla SIPOC expressa os principais elementos de um processo: *Suppliers* (Fornecedores), *Inputs* (Entradas), *Process* (Processo), *Outputs* (Saídas) e *Customers* (Clientes ou Consumidores). O uso de tal diagrama permite uma representação abrangente e interessante de um processo. Geralmente, as características de um produto ou serviço (Ys) são associadas às saídas do processo e as variáveis controláveis (Xs) e incontroláveis (Zs), que influenciam de alguma forma nas Ys que são associadas ao processo.

Outra forma de representação de um processo qualquer está ilustrada na Figura 26. Nela, a ênfase é na separação entre os meios (as causas) e os fins (efeitos). Dessa forma, é possível identificar com maior clareza os grupos de entidades necessárias para que uma ou mais saídas sejam produzidas.

Essa forma de esquematização de um processo é mais comum na solução de problemas e o diagrama é conhecido como *Diagrama de Espinha de Peixe* ou de *Ishikawa*.[4] Nele, as causas de um processo (aquilo que pode causar a variação) são agrupadas por afinidades, tais como: matéria-prima, máquinas e equipamentos, mão de obra, materiais, métodos, meio ambiente e medidas. Esses são os 6M de um processo, que podem ser vistos como os recursos ou ativos para atender as necessidades dos clientes. As entradas e o processo, ilustrados na Figura 24, estão distribuídos nas causas do diagrama da Figura 26.

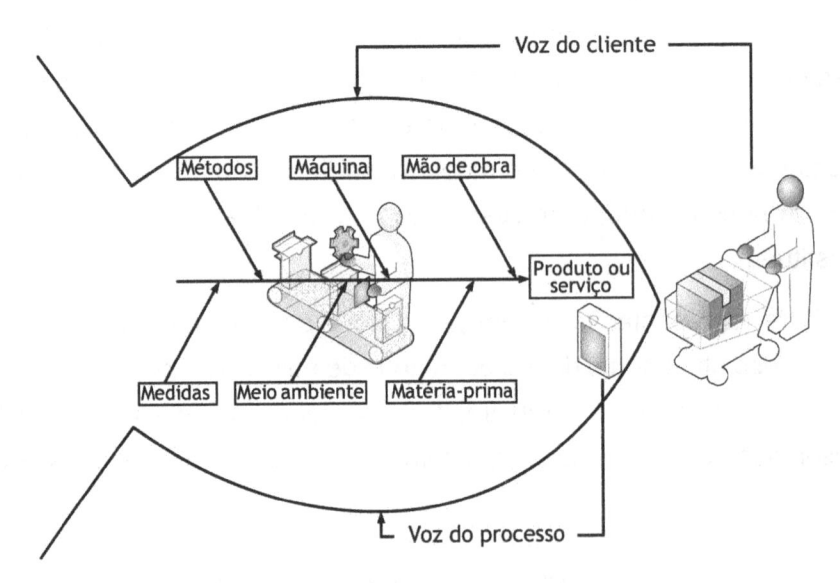

Figura 26 Processo como um conjunto de causas.

Em ambos os casos, o controle exercido tanto durante o processo quanto na saída dele (efeito) proporciona o conhecimento da "voz do processo", ou seja, por meio do exercício da função controle é possível conhecer os resultados de um processo. Isso fornece um *feedback* sobre o desempenho do processo para mantê-lo como vem operando ou alterar sua configuração para atingir novos patamares de desempenho.

O acompanhamento do efeito ou efeitos, que estão na saída do processo, entregues aos clientes, permite o conhecimento da "voz do cliente". Esse é o julgamento final de um processo, pois a satisfação das necessidades e expectativas dos clientes, sejam eles internos (da própria empresa) ou externos, é a missão de qualquer processo. O *feedback* do cliente é outro tipo de retorno que também permite a intervenção no processo.

---

4   Esse diagrama foi proposto por Kaoru Ishikawa, considerado um dos especialistas da gestão da qualidade, para facilitar a solução de problemas para a melhoria da qualidade.

Essas três formas diferentes de representar um processo têm suas vantagens e desvantagens. As duas primeiras privilegiam a representação do fluxo de transformação que ocorre num processo, enquanto a terceira enfatiza a separação entre recursos (causas) e resultados (efeitos) de um processo. O uso dependerá da situação e do objetivo da representação.

Para exercer o controle do processo é necessário ter um padrão esperado de saída e conhecer o processo e suas entradas. O conhecimento do processo pode permitir predizer, caso nenhuma situação anormal aconteça, qual é a provável saída do processo. Isso envolve, naturalmente, uma avaliação das chances (probabilidades) de algo acontecer. A avaliação dessas chances implica em conhecer as incertezas envolvidas na execução do processo. Tais incertezas podem advir tanto do processo quanto de suas entradas ou de um efeito combinado entre ambos.

A atividade de controle é exercida segundo um ciclo bem determinado, que é denominado de Ciclo de Controle do Processo, adaptado do circuito fechado de retorno apresentado no Capítulo 1 deste livro. Ele está ilustrado na Figura 27 a seguir.

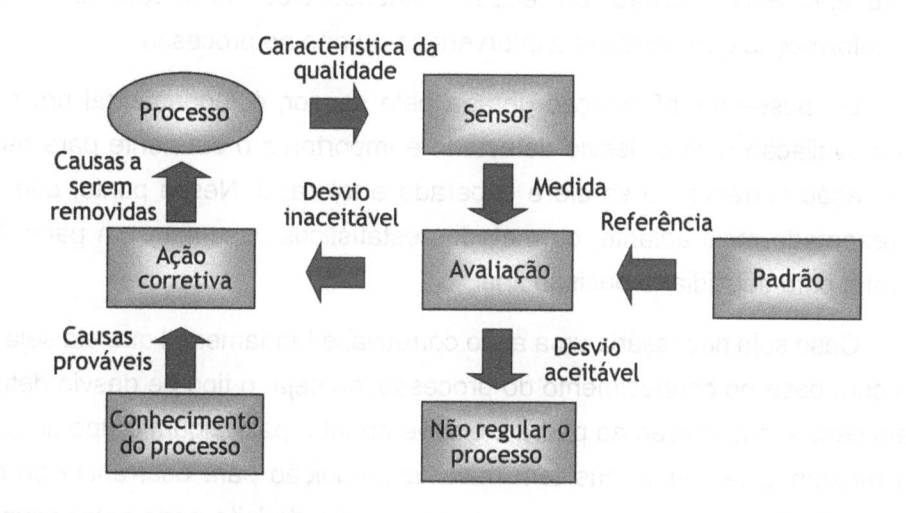

Figura 27 Ciclo de Controle do Processo.
Fonte: adaptada de Juran & Gryna (1991).

O objetivo é controlar uma ou mais características da qualidade de um produto ou serviço. Para tanto, é utilizado um sensor para medir a característica e é feita uma avaliação da medida obtida com um padrão previamente estabelecido. Caso seja encontrado algum desvio significativo, uma ação precisa ser tomada sobre o processo para que o produto ou o serviço esperado volte a ser produzido. Essa ação deve-se basear no conhecimento existente do processo – algo nem sempre explícito, sistematizado e compartilhado nas organizações.

As necessidades básicas para o controle do processo são:

- a existência de um padrão para comparação;
- a existência de um sensor para obtenção da medida;
- a existência de um método de avaliação;
- a existência do conhecimento do processo para tomada de ação corretiva;
- o treinamento de uma pessoa, que pode ser o operador do processo, para execução do ciclo de controle.

O padrão de avaliação para o exercício do controle de processo advém, sobretudo, do projeto do produto que traduz as necessidades dos clientes em características técnicas. Assim, por exemplo, para que um suco seja doce ou ácido é preciso determinar a quantidade de açúcares e o pH. Tal especificação é a referência para comparação durante a avaliação dessas características de qualidade do processo de fabricação do suco.

Para saber se o padrão estabelecido está sendo atingido, é preciso utilizar um sensor que tem a função de detectar se existe algum desvio em relação ao valor esperado (especificação). Um sensor precisa ser projetado para reconhecer a presença e a intensidade de certos fenômenos, e converter esse conhecimento em informação que permitirá a intervenção ou não no processo.

De posse da informação gerada pelo sensor, é fundamental um método para avaliação e se o desvio detectado é importante o suficiente para requerer uma ação corretiva ou se ele é esperado e tolerável. Nesse ponto, como será apresentado mais adiante, os métodos estatísticos assumem um papel fundamental para subsidiar a decisão final.

Caso seja necessária uma ação corretiva, é fundamental que ela seja tomada com base no conhecimento do processo, ou seja, o tipo de desvio detectado pelo sensor em relação ao padrão, e deve apontar para algum grupo de causas, ou mesmo uma causa, que tem maior contribuição para ocorrência do desvio detectado. Por exemplo, um processo de envase de leite pode estar envasando menos volume que o padrão por causa de um problema de acúmulo de gordura no bico injetor. Isso pode requerer uma lavagem dos bicos. É aconselhável sistematizar o conhecimento tácito do processo existente na empresa num mapa de prováveis desvios e as respectivas prováveis causas para facilitar e agilizar o ajuste do processo.

Nesse ponto, é fundamental capacitar os operadores do processo a fazer tal intervenção, fornecendo a eles todos os meios para o ajuste do processo. Além disso, é também preciso dar-lhes autoridade para cobrar a responsabilidade de regular o processo.

O conhecimento do processo é constituído basicamente pela:

a. determinação de quais são os principais parâmetros do processo;

b. estabelecimento de como controlar esses parâmetros;

c. determinação dos níveis desses parâmetros que levarão ao desempenho ótimo;

d. entendimento da variabilidade natural do processo.

Além da decisão de ajustar ou não o processo, por vezes é também necessário estabelecer o que será feito quando o ciclo de controle detecta que por algum tempo o processo já produziu saídas que estão fora do padrão esperado, ou seja, unidades defeituosas já foram produzidas. O operador geralmente deve identificar o lote ou as unidades com defeito, denominadas produtos *não conformes*, e notificar o pessoal competente para tomar a decisão pertinente.

O importante é exercer o controle para avaliar os desvios utilizando o pensamento estatístico e não determinístico, ou seja, conhecendo a variação do processo, para agir somente quando houver indícios de mudança brusca ou de tendência de mudança no processo.

A forma de utilização do ciclo de controle apresentada até aqui é aquela feita para controlar cada unidade do produto. Em algumas situações isso pode ser impossível, quando se requer um ensaio destrutivo, ou inviável economicamente, quando o tempo de avaliação do produto é próximo ou superior ao tempo de produção. Nessas situações, o padrão de controle pode ser do processo, *i.e.*, pode-se utilizar a variação do processo, desde que ele esteja estável, como um padrão de variação. O sensor passa a ser o gráfico de controle que ajudará a decidir se o processo está variando naturalmente ou se algo de anormal aconteceu e ele passou a variar mais que o esperado. Essa foi a maneira como Dr. Walter A. Shewhart propôs controlar um processo.

A visão moderna do controle de processo é:

- conseguir manter *estável* o desempenho do processo, ou seja, estabilizar o processo;

- buscar *melhorar sempre* o desempenho do processo por meio da eliminação das causas que afetam negativamente as características de qualidade desejadas.

O controle de processo pode ajudar a garantir um nível de qualidade de conformação do produto, mas não a sua qualidade, que depende, entre outras coisas, da qualidade do projeto do produto e do processo. Todavia, o controle de processo é um componente importante da gestão da qualidade.

3.2 Variabilidade de processos

Com base no conhecimento de que os processos, industriais ou não, apresentam uma variação inerente, o pensamento estatístico pode ser utilizado para controlar um processo qualquer. Uma premissa fundamental é que a variação sempre está presente e é fruto do projeto do processo e da sua operação. Dessa forma, o melhor é identificá-la e controlá-la.

Um processo será controlado a partir do conhecimento da variação inerente a ele. Por isso é que, admitindo que ela exista, a especificação de um produto sempre consta de um valor nominal (desejado) e uma tolerância aceitável (intervalo de variação tolerada). Por exemplo, o peso de um produto tem um valor nominal (valor-alvo) e alguma tolerância para mais e para menos desse valor, que é aceitável. Naturalmente, o desejo é sempre ter processos estáveis, *i.e.*, que não variem, mas isso é a situação ideal que raramente acontece.

Contudo, uma pergunta pode estar incomodando o leitor: o que faz com que a maioria dos processos sofra variação? Isso será visto a seguir. Antes, porém, é importante entender os conceitos de causas comuns e especiais.

A razão da variação de um processo é um conjunto de pequenas causas que individualmente contribuem pouco para a variação natural do processo. Quais são as causas de um processo? Consulte a Figura 26 e veja os 6M de um processo. A alteração de qualquer uma delas requer uma mudança na concepção e/ou forma de operação do processo. Isso implica em investimento na melhoria ou, até mesmo, na alteração de todas as causas de um processo. Esse conjunto de pequenas causas é denominado *causas comuns*. Elas são parte inerente ao processo e, em muitas situações, as pessoas têm visões preconcebidas e associam toda a variação a um dos 6M, por exemplo, mão de obra ou matéria-prima. Vale destacar que, na maioria das vezes, a variação total é fruto de pequenas variações de inúmeras causas de cada um dos 6M.

Quando somente a variação das causas comuns age num processo, ele apresentará um comportamento previsível em termos de variação, ou seja, será possível saber de forma segura o comportamento em termos de variação ao longo do tempo. Nesse estado de operação diz-se que o processo está *sob controle estatístico* e nenhum ajuste deve ser feito, desde que essa variação não esteja influenciando na produção de unidades *não conformes*. Se porventura algum ajuste for feito, essa ação somente irá aumentar a variação do processo, piorando a qualidade do produto ou serviço resultante.

Pode acontecer de, mesmo estando sob controle estatístico, um processo não atender às especificações estabelecidas para satisfazer os clientes. Isso revela a necessidade de realizar uma melhoria nos 6M do processo a partir de um estudo da contribuição das causas mais relevantes para a variação observada.

Entretanto, por vezes, quando o processo está operando normalmente, ou seja, sob controle estatístico, algumas variações bruscas fora do padrão esperado podem ocorrer. Isso acontece porque uma causa não comum ao processo, dita *causa especial*, surgiu e modificou de forma abrupta e considerável o padrão de comportamento de variação esperado. Vale destacar que esse padrão é aquela variação previsível resultante somente da ação de causas comuns.

Quando isso ocorre, ou o processo pode estar produzindo *fora de controle estatístico* ou tenderá a fazê-lo em breve. Nessa situação, será necessário parar o processo, identificar a causa especial e bloqueá-la ou eliminá-la para que o processo possa retornar ao comportamento esperado, ou seja, somente sob efeitos de causas comuns e de forma estável e previsível ao longo do tempo.

A Figura 28 ilustra como a remoção de causas especiais de um processo pode contribuir para a redução de sua variação não esperada, deixando-o sob controle estatístico (somente sob efeitos das causas comuns inerentes a ele).

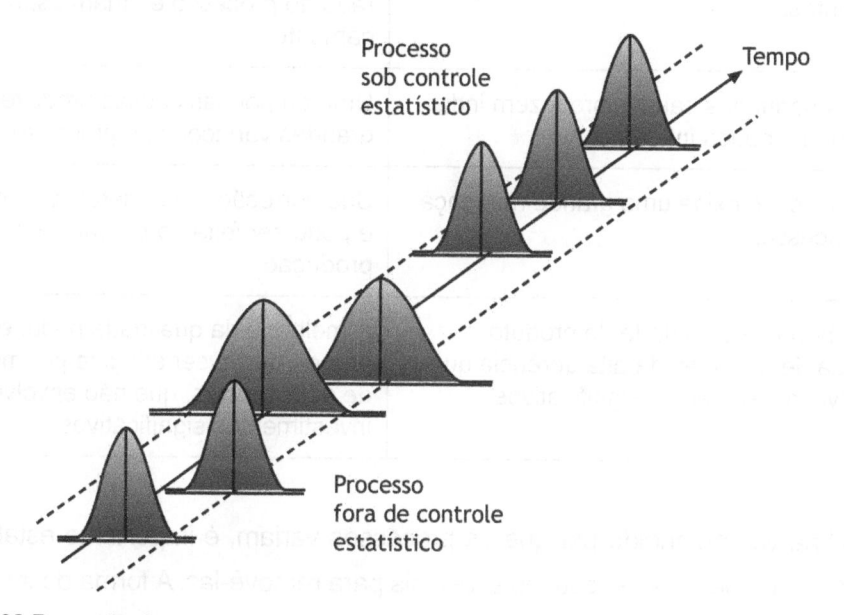

Figura 28 Remoção de causas especiais de um processo.

Uma causa especial é facilmente identificável pela amplitude de sua influência. As causas especiais são esporádicas, senão seriam comuns ao processo. Elas produzem grandes perturbações e, por isso, são fáceis de identificar, e geralmente também são de fácil remoção, não havendo a necessidade de mudar o projeto ou a forma de operação do processo. Exemplos típicos de causas especiais são: matéria-prima fora de especificação, desajuste na máquina, operação do processo por funcionário não qualificado, variação brusca na rede elétrica ou hidráulica, etc.

As causas comuns representam por volta de 85% dos problemas existentes num processo, porém, a remoção delas depende de uma ação da gerência sobre o sistema. Por exemplo, se uma máquina estiver desgastada e apresentar inúmeras folgas, somente uma decisão da alta gerência poderá trocá-la ou encaminhá-la para a manutenção.

Por outro lado, as causas especiais representam por volta de 15% dos problemas existentes num processo e a remoção delas pode ser feita no próprio local de trabalho por operários treinados ou por equipes de manutenção. Por exemplo, a troca de uma ferramenta desgastada pode ser detectada pelo operador da máquina e ele mesmo poderá trocá-la, evitando assim que esse desgaste se torne uma causa de peças *não conformes*.

O Quadro 7 apresenta as principais características das causas comuns e das causas especiais de um processo.

Quadro 7 Caracterização das causas comuns e causas especiais de um processo.

Causas comuns	Causas especiais
São inerentes ao processo e estão sempre presentes.	São desvios do comportamento esperado do processo e atuam esporadicamente.
Muitas pequenas causas produzem individualmente pouca influência.	Uma ou poucas causas produzem grandes variações no processo.
Sua correção exige uma grande mudança no processo.	Sua correção é, em geral, justificável e pode ser feita no próprio local de produção.
A melhoria da qualidade do produto precisa de decisões da alta gerência que envolve investimentos significativos.	A melhoria da qualidade pode, em grande parte, ser atingida por meio de ações locais, que não envolvem investimentos significativos.

Uma vez entendido por que os processos variam, é importante estabelecer uma forma de detectar as causas especiais para removê-las. A forma desenvolvida pelo Dr. Walter A. Shewhart foi o uso de gráficos de controle ou cartas de controle.

Os gráficos de controle indicam o desempenho do processo, em termos de sua variação, mediante o controle estatístico de uma variável ou atributo correlato a uma característica da qualidade do produto, subconjunto ou peça. O gráfico de controle deve ser usado para controlar uma saída ou efeito de um processo.

Em algumas situações, as pessoas assumem uma correlação direta e forte entre uma causa do processo e o resultado esperado. Por exemplo, a concentração de um produto e a temperatura de aquecimento de um trocador de calor. Nessa situação, pode-se usar um gráfico de controle para temperatura pensando estar controlando a concentração. Contudo, a concentração também depende de outras causas, por exemplo, matéria-prima. Assim, é importantíssimo ter claro o que se deseja controlar. Um diagrama de Ishikawa ajuda a definir isso, uma vez que o gráfico de controle estará sempre no efeito e não nas causas.

Vale observar que os gráficos de controle funcionam como termômetros, ou seja, apenas indicam o estado do processo (a voz do processo), eles não resolvem o problema, sendo necessários o diagnóstico e a ação sistemática sobre o processo. Por isso, será imprescindível o conhecimento do processo que está sendo controlado e, muitas vezes, essa é uma das barreiras para implantação efetiva do CEP.

Antes da apresentação do gráfico de controle é preciso entender os tipos de características de qualidade que existem, pois elas determinarão em boa parte a medição e, consequentemente, a escolha dos gráficos de controle para tanto.

3.3 Características da qualidade

A avaliação de todas as características da qualidade de um produto ou serviço é impossível ou inviável economicamente. Então, é importante avaliar o que é mais significativo para a qualidade do produto ou serviço. Avaliar a qualidade significa adotar uma classificação ou uma escala de medição que descrevam os parâmetros da qualidade do produto. Portanto, uma característica da qualidade pode ser dividida em duas classes:

- *atributos*: a avaliação da característica da qualidade resulta numa classificação. Por exemplo: a impressão numa folha pode ser borrada ou não, resultando numa classificação em *conforme* ou *não conforme*; a rapidez do atendimento na prestação de um serviço pode ser *boa* ou *ruim*;
- *variáveis*: a avaliação da característica da qualidade resulta numa mensuração expressa por valor numérico numa escala qualquer. Cada mensuração implica num valor numérico necessariamente. Por exemplo: o valor do volume envasado é medido em mililitros, o tempo em minutos da permanência do cliente numa fila de um banco para ser atendido no caixa.

A avaliação das características da qualidade por atributos é geralmente mais econômica e rápida, porém, é mais pobre em quantidade de informação que a avaliação por variáveis. Por exemplo, a não conformidade por borrados nas folhas pode diferir entre si, porém, pode não ser possível distingui-los, assim como o tempo para uma rapidez de atendimento *bom* ou *ruim*. Nesse último exemplo, um problema adicional surge: a subjetividade ao avaliar uma característica da qualidade que é um atributo.

Toda característica da qualidade que é expressa por meio de uma variável também pode ser transformada num atributo. Por exemplo, após medir uma característica da qualidade, é possível segregar as unidades de produto que estão *não conformes* (fora da especificação). Dessa forma, uma classificação das unidades de produtos avaliados será feita. Já o contrário não é possível, ou seja, a partir de um grupo de unidades segregadas não se consegue obter qualquer informação numérica, a não ser o número delas ou a proporção em relação ao total de onde foram retiradas.

3.4 Subgrupos racionais

O controle do processo é exercido a partir de medidas parciais de uma ou mais peças ou unidades de produto retiradas do processo durante sua execução. Esse procedimento irá permitir avaliar as características de qualidade de interesse antes do término do lote de produção. Isso é mais eficiente do que somente avaliar o resultado final do processo – por exemplo, um lote de peças – de forma a classificá-lo em *conforme* ou *não conforme*.

Um importante conceito do CEP para a execução do controle a partir de pequenas amostras é o de subgrupos racionais. Talvez esse seja o conceito mais importante, uma vez que somente a partir de *amostras* ou *subgrupos aleatoriamente independentes* é possível avaliar se um processo está ou não sob controle estatístico. Isso por inúmeras vezes é ignorado, fazendo com que o uso dos gráficos de controle traga mais problemas que ajuda.

A *aleatoriedade* na retirada da amostra ou subgrupo vai garantir que a variação avaliada seja a mais próxima possível, ao menos dos erros existentes, do processo de retirada da amostra e de avaliação da característica da qualidade. Uma amostra tendenciosa poderá levar à tomada de decisão errada sobre a variação natural e esporádica do processo.

Já a *independência* entre as amostras é fundamental para a avaliação do surgimento de causas especiais ou não. O ajuste no processo com base na amostra retirada anteriormente poderá mascarar ou retardar a detecção de uma causa especial. Vale destacar que em processos de manufatura autocontrolados essa regra é violada. Geralmente, nesses processos, um sensor faz a leitura de uma característica e um controlador lógico programável aciona um mecanismo de autocontrole para tentar restabelecer o processo para um valor preestabelecido, denominado *set-point*, toda vez que o valor lido estiver fora desse valor. Os mecanismos de controle de temperatura em torres de aquecimento ou resfriamento são um exemplo. Nesses casos, outras técnicas mais avançadas de CEP devem ser utilizadas, não sendo recomendável o uso do CEP tradicional.

Um subgrupo racional deve ser retirado do processo tendo em mente duas características:

- a chance de diferença *entre* os subgrupos deve ser *maximizada*;
- a chance de diferença *dentro* do subgrupo deve ser *minimizada*.

Esse procedimento facilita a identificação da presença de causas especiais, pois se terá certa homogeneidade entre os subgrupos e as condições favoráveis para a identificação de causas especiais no subgrupo.

Um método mais comum para retirar amostras ou subgrupos racionais de um processo é o método baseado no tempo. Ele pode ser aplicado com dois objetivos: um é detectar mudanças no processo; o outro é detectar se o processo saiu e voltou ao controle estatístico. A Figura 29 ilustra esses dois tipos de métodos baseados no tempo.

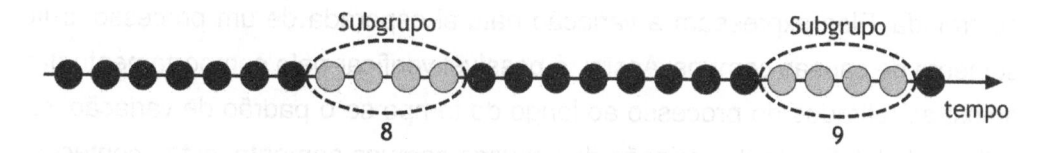

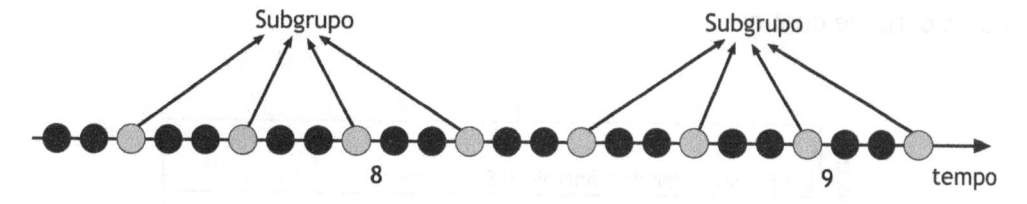

Figura 29 Tipos de formação de subgrupos racionais baseados no tempo.

Um método alternativo é formar o subgrupo racional considerando a principal fonte de variação. Por exemplo, ao invés de controlar um molde de injeção, é melhor controlar aquela cavidade que proporciona maior variação. O mesmo raciocínio vale para a produção de duas ou mais máquinas, turnos de trabalho, lotes de diferentes fornecedores, etc. Para descobrir qual a principal fonte de variação pode-se executar uma Análise de Variância, por exemplo.

Sabe-se da Estatística Amostral que quanto maior o tamanho da amostra maior será a probabilidade de um parâmetro da amostra ser o próprio valor da população. Logo, quanto maior for o tamanho *n* da amostra maior será a precisão e, portanto, maior será a capacidade de detectar pequenas mudanças no processo.

Então, o ideal é tomar grandes amostras frequentemente, assim a precisão seria adequada. Entretanto, isso é praticamente inviável economicamente, pois a tendência é fazer inspeção 100%. Um exemplo seria a avaliação de uma característica da qualidade que implique em um ensaio destrutivo do produto, para avaliar a dureza de um material ou a quantidade de microrganismo num alimento.

A saída é escolher entre:

a. pequenos *n* a curtos intervalos de tempo, ou

b. grandes *n* a intervalos de tempo maiores.

Assim, é possível chegar a um equilíbrio entre a precisão e o custo acarretado para tanto. Deve-se, também, considerar, na frequência de amostragem, a chance de detectar aqueles fatores que podem introduzir uma causa especial no processo. Como exemplo, a troca de operador, a troca de lote de matéria-prima, etc.

3.5 Gráficos de controle

Os gráficos de controle são o meio pelo qual a variação de um processo é controlada. Eles expressam a variação natural esperada de um processo, fruto somente de causas comuns. Assim, é possível verificar pelo comportamento das amostras retiradas do processo ao longo do tempo se o padrão de variação, resultado da totalidade de variação das causas comuns somente, está acontecendo. A Figura 30 ilustra um gráfico de controle genérico que também é conhecido como carta de controle.

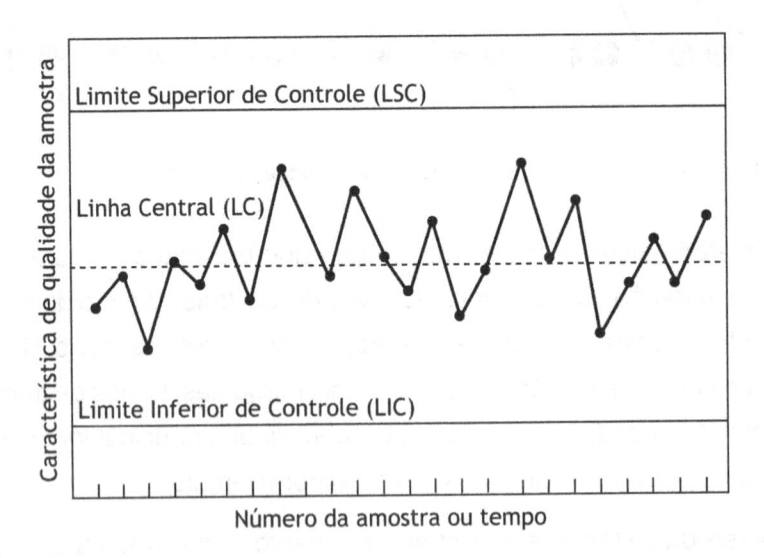

Figura 30 Gráfico de controle genérico.

O gráfico de controle, da Figura 30, apresenta uma zona de controle demarcada pelos limites naturais do processo, denominados Limite Superior de Controle (LSC) e Limite Inferior de Controle (LIC). Essa zona representa os limites de variação natural e esperada do processo quando ele estiver sob controle estatístico. Os limites são separados por uma Linha Central (LC).

Tanto a linha central quanto os limites de controle são calculados a partir de uma estatística (média, mediana, fração de não conformidades, etc.) correlata a uma característica da qualidade de interesse para a satisfação do cliente. Por exemplo, pode ser estabelecido um gráfico de controle para controlar a proporção de defeitos de uma amostra de sacos de açúcar ou a espessura de uma amostra de filme plástico.

A linha central é a média amostral da estatística que está sendo controlada. O limite superior e o inferior são, respectivamente, o desvio-padrão dessa mesma estatística mais k vezes e menos k vezes. Geralmente, o valor utilizado de k é três, ou seja, o LSC é a média mais três desvios-padrão, e o LIC é a média menos três desvios-padrão.

O limite superior de controle, a linha central e o limite inferior de controle do gráfico de controle são características do processo (voz do processo) e não da especificação do produto/processo. Eles são os *limites naturais do processo*, algo como a "carteira de identidade" do processo, pois são eles que permitem identificar a variação do processo resultante somente da ação da variação de várias causas comuns. Erroneamente, algumas pessoas colocam no gráfico de controle os limites de especificação do produto estabelecidos pela Engenharia de Produto. Isso geralmente é uma meta a ser atingida e pode confundir porque uma estatística amostral estar dentro desses limites não significa que o processo está produzindo peças ou unidades *conformes*.

Quando o processo está sob controle estatístico, ou seja, somente sobre efeito de causas comuns, as estatísticas se distribuem aleatoriamente (sem seguir uma regra específica) dentro dos limites inferior e superior. Já quando uma causa especial ocorre, ela poderá ser prontamente identificada pela análise de uma estatística de uma amostra fora da zona de controle ou de um conjunto de estatísticas de várias amostras que tendem a sair da zona de controle. Logo, pela análise pontual ou da sequência de pontos (série) de um gráfico de controle é possível avaliar se um processo está sob controle estatístico ou não.

Para fazer essa avaliação, primeiro é necessário calcular os limites naturais do processo que poderá ser feito por meio de parâmetros do processo (média, desvio-padrão, fração de *não conformes*, etc.) correlatos à estatística amostral a ser controlada. Vale observar que essa última tem relação com a característica de qualidade que satisfará o cliente. Por exemplo, o peso líquido está relacionado com o peso líquido médio das amostras. Quando não se dispõe dessa informação, uma amostragem representativa do processo precisa ser feita para estimar os parâmetros de acordo com o tipo de gráfico de controle a ser utilizado e o processo de formação e retirada dos subgrupos racionais (tamanho e frequência de coleta) definido *a priori*.

Após o cálculo dos limites naturais do processo, será possível verificar se o processo está sob controle estatístico (somente sob influência de variação de causas comuns). O gráfico de controle *somente* poderá ser utilizado como instrumento de controle de processo quando o processo estiver sob controle estatístico. Somente nessa condição os limites de controle e linha central realmente representam o comportamento previsível do processo, como ilustra a Figura 31.

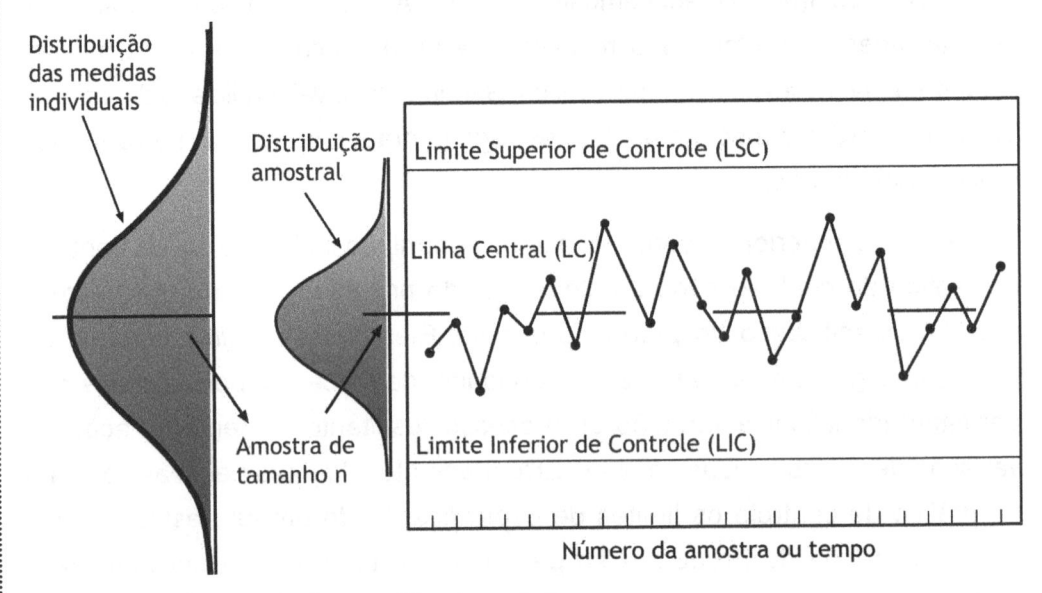

Figura 31 Funcionamento de um gráfico de controle.
Fonte: adaptada de Montgomery (2004).

Pode-se observar na Figura 31 o relacionamento entre a distribuição de probabilidades do processo, mais à esquerda, e a distribuição amostral da estatística que está sendo calculada a partir dos subgrupos racionais. Em ambas as distribuições o comportamento esperado é de uma distribuição Normal, sendo que a distribuição amostral terá um desvio-padrão menor que o da população. Para cada subgrupo coletado, o valor da sua estatística é calculado, marcado no gráfico de controle e interpretado para avaliar se existe ou não a presença de causa especial. Caso não exista, o processo deve continuar sendo operado normalmente sem a necessidade de ajustes. Caso exista uma causa especial, então, ela deve ser identificada e ajustes no processo deverão ser feitos.

3.5.1 Interpretação de gráficos de controle

O valor das estatísticas amostrais posto no tempo (eixo *x* da Figura 30) fornece indícios de que o processo está sob controle estatístico ou não no momento em que o valor de uma amostra é adicionado ao gráfico de controle. Também é possível saber se o processo tenderá a sair do controle estatístico ou não pela interpretação de mais pontos do gráfico.

Quando um processo está sob controle estatístico, a característica de qualidade representada pela estatística amostral segue a distribuição Normal, que está mais à esquerda. É esperado que existam mais valores em torno da LC que junto aos limites. Nessa situação é esperado que 68,26% dos valores amostrais estejam na faixa entre mais ou menos um desvio-padrão amostral; aproximadamente 95% deles na faixa entre mais ou menos dois desvios-padrão amostrais; e 99,73% na faixa entre mais ou menos três desvios amostrais. Isso é uma propriedade da curva Normal. Além disso, é esperada uma distribuição aleatória dos valores ao longo do tempo no intervalo entre LIC e LSC.

Logo, um processo está sob controle estatístico quando, basicamente:

1. nenhum ponto cai acima ou abaixo dos limites de controle;

2. o número de pontos abaixo e acima da linha central é quase o mesmo;

3. os pontos parecerem se distribuir aleatoriamente (sem nenhuma regra de formação) acima e abaixo da linha central;

4. a maioria está próxima à linha central e poucos estão próximos aos limites de controle.

O Quadro 8 ilustra os testes de não aleatoriedade e os critérios para a interpretação de gráficos de controle, bem como um exemplo de gráfico de cada situação. Vale observar que alguns autores sugerem o teste de hipótese de sequências, especialmente para verificar se houve aleatoriedade no processo de amostragem. O detalhamento desse método não faz parte dos objetivos deste livro.

Para cada um dos nove critérios é importante associar, a partir do conhecimento tácito e explícito do processo por parte dos operadores, supervisores e engenheiros, uma causa especial provável para a investigação imediata e a possível remoção no caso de confirmação. Isso pode agilizar a retomada da produção após a identificação de causa especial e parada do processo para execução de ação corretiva.

Por exemplo, no caso de presença de ciclos ou tendências, pode-se associar desgaste de ferramenta e umidade, respectivamente, como prováveis causas do aparecimento de uma tendência de decréscimo ou aumento da estatística amostral ou da variação cíclica presente no processo.

Quadro 8 Regras para interpretação de gráficos de controle.

Teste	Critério	Exemplo
Ponto fora dos limites de controle	• Um único ponto acima do LSC ou abaixo da LIC	
Presença de ciclos ou tendências	• Seis pontos consecutivos, aumentando ou diminuindo	
	• Pontos oscilando para cima e para baixo, formando ciclos	

Teste	Critério	Exemplo
Estratificação ou falta de variabilidade	• Quinze pontos consecutivos no intervalo LC ± 1·σ	
	• Quatorze pontos consecutivos se alternando para cima e para baixo	

Quadro 8 Continuação...

Sequência de pontos próximos dos limites de controle	• Oito pontos consecutivos fora do intervalo LC ± 1 · σ, de qualquer lado	
	• Dois pontos, de três consecutivos, situados do mesmo lado em relação à linha central e fora do intervalo LC ± 2 · σ	
	• Quatro pontos, de cinco consecutivos, situados do mesmo lado em relação à linha central e fora do intervalo LC ± 1 · σ	
Sequência de pontos do mesmo lado da linha média	• Nove ou mais pontos consecutivos do mesmo lado em relação à linha central	

3.5.2 Tipos de gráficos de controle

Os gráficos de controle mais comuns para o controle de **atributos** são:

- **Gráfico de p** (*fração defeituosa* ou *fração de não conformes*): utilizado para controlar a fração defeituosa ou fração de não conformidades de um processo;

- **Gráfico de np** (*número de defeitos* ou *número de não conformes*): utilizado para controlar o número de defeitos ou não conformidades de um processo;

- **Gráfico de c** (*número de defeitos* ou *não conformidades em uma amostra de tamanho constante*): utilizado para controlar o número de vários tipos de defeitos de um processo tomando-se uma amostra de tamanho unitário;

- **Gráfico de u** (*número de defeitos* ou *não conformidades em uma amostra*): utilizado para controlar o número total de defeitos de um subgrupo racional de tamanho maior que um.

Os gráficos de controle para atributos podem ser divididos em dois grupos, conforme o interesse no controle de qualidade:

- interesse na existência ou não do defeito (*não conformidade*), independentemente da quantidade e do tipo de defeito, ou seja, uma unidade com um defeito significa o mesmo que uma unidade com três defeitos diferentes, ou seja, é uma unidade *não conforme*;

- interesse na quantidade de defeitos diferentes que cada amostra ou unidade da amostra apresenta, ou seja, uma unidade com um defeito tem significado diferente que outra com três defeitos.

Os gráficos de controle mais comuns para o controle de *variáveis* são:

- **Gráfico de $\bar{x}$** (*média aritmética*): utilizado para controlar a média aritmética do subgrupo racional de uma determinada característica de qualidade. Para cada amostra retirada é calculada a média $\bar{x}$;

- **Gráfico de s** (*desvio-padrão*): utilizado para controlar o desvio-padrão dentro do subgrupo racional, sendo mais recomendado quando o tamanho do subgrupo ou amostra é maior que nove unidades;

- **Gráfico de R** (*amplitude*): utilizado para controlar a amplitude dos valores de um subgrupo racional, sendo mais recomendado quando o tamanho do subgrupo ou amostra é menor que nove unidades;

- **Gráfico de x** (*indivíduos*): quando os dados são obtidos num longo intervalo de tempo ou a formação de subgrupos racionais não é eficiente, um gráfico dos valores individuais da característica de qualidade é recomendável. Os processos contínuos muito rápidos ou muito lentos, ou ainda, produção de lotes unitários são exemplos.

Vale destacar que o controle de uma característica da qualidade do tipo variável por meio de um gráfico de controle das médias pode, aparentemente, indicar que o processo está sob controle estatístico. Contudo, ele pode não estar, porque a média não é sensível a valores muito dispersos quando eles estão diametralmente opostos. Por exemplo, saber que a média de três números é 50 não diz se esse valor foi obtido de uma amostra constituída dos valores 48, 50 e 52 ou se 25, 50 e 75.

Nesse caso, é necessário complementar um gráfico de $\bar{x}$ com um gráfico s ou R, dependendo do tamanho do subgrupo ou amostra. Portanto, um processo estará sob controle estatístico se as estatísticas em ambos os gráficos de controle também estiverem sob controle estatístico, ou seja, se não ocorrerem quaisquer das situações do Quadro 7 em ambos. Já para os gráficos de atributos, basta um gráfico de controle.

Os gráficos de controle para atributos, como já dito, são: p, np, c e u. A seguir, eles serão detalhados.

Gráfico de p (fração defeituosa ou fração de não conformes)

Esse gráfico é utilizado para controlar a fração defeituosa ou de *não conformes* de um processo. Esse tipo de avaliação, *conforme* ou *não conforme*, é representado por uma distribuição Binomial, em que:

μ = p (fração defeituosa ou não conforme); e

$$\sigma^2 = \frac{p \cdot (1-p)}{n}$$

Logo, os limites de controle para o gráfico de p podem ser calculados por:

$$LSC = p + 3 \cdot \sqrt{\frac{p \cdot (1-p)}{n}}$$

$$LC = p$$

$$LIC = p - 3 \cdot \sqrt{\frac{p \cdot (1-p)}{n}}$$

Quando a fração defeituosa p for desconhecida, então é necessário fazer uma amostragem inicial grande para estimá-la. Para tanto, os seguintes passos devem ser seguidos:

a. Tomar pelo menos m amostras (20 a 25) de tamanho n, porém, tenha em mente que quanto menor for o p do processo maior terá que ser o n da amostra, uma vez que uma unidade não conforme pode distorcer a fração defeituosa;

b. Calcular $\bar{p}$, em que $\bar{p} = \sum \frac{d}{m \cdot n}$, i.e., é igual ao quociente do número total de defeitos encontrados nas amostras pelo número total de peças inspecionadas;

c. Substituir p por $\bar{p}$ para o cálculo de LSC, LC e LIC;

d. Marcar o valor de p para cada amostra no gráfico de controle;

e. Interpretar o gráfico de controle para verificar a ocorrência de causa especial, seguindo os critérios do Quadro 8; caso não seja encontrada nenhuma causa especial, os limites são aqueles calculados no passo (c); caso seja encontrada uma ou mais causas especiais, verificar o que aconteceu naquela amostra e eliminá-la somente se ela for identificável; recalcular novamente os limites de controle e repetir os passos de (d) e (e); no caso de eliminar muitos pontos no gráfico, refazer o processo de amostragem.

Quando o valor da fração defeituosa (p) for muito pequeno para detectar uma mudança, será necessário aumentar o tamanho (n) da amostra, o que pode ser inviável economicamente. Caso contrário, uma única peça *não conforme* poderá indicar processo fora de controle. Alguns autores desenvolveram métodos específicos para o cálculo de n descritos a seguir:

1. Determinar n de tal modo que a probabilidade de achar pelo menos 1 defeito na amostra seja pelo menos γ. Considerando, por exemplo, que num processo qualquer, p seja 0,01 e γ seja 0,95, teremos: P (nº defeitos $\geq$ 1) $\geq$ 0,95, indo com o complementar P (nº defeitos < 0) < 0,05 numa tabela de Poisson acumulada, teremos que a média de defeitos $\lambda = n \cdot p$ será igual a 3,00. Logo, o tamanho da amostra, n, será de, no mínimo, 300 unidades.

2. Determinar o tamanho da amostra n de tal modo que se tenha 50% de chance de detectar uma mudança δ no processo. Adotando $k = 3$ no gráfico de controle teremos: $\delta = k \cdot \sqrt{\dfrac{p \cdot (1-p)}{n}} \Rightarrow n = \left(\dfrac{k}{\delta}\right)^2 \cdot p \cdot (1-p)$.

   Considerando $p = 0,01$ e que se deseja detectar uma mudança de p para 0,05, o que implicará que $\delta = 0,05 - 0,01 = 0,04$. Então será: $n = \left(\dfrac{3}{0,04}\right)^2 \cdot 0,01 \cdot 0,99 = 56$.

3. O último método é garantir que o LIC seja maior que zero, o que implica que $p - k \cdot \sqrt{\dfrac{p \cdot (1-p)}{n}} > 0 \Rightarrow n > \dfrac{k^2 \cdot (1-p)}{p}$. Supondo que p seja igual a 0,05 e o k adotado seja igual a 3, teremos: $n > \dfrac{3^2 \cdot (1 - 0,05)}{0,05} = \dfrac{9 \cdot 0,95}{0,05} = 171$, portanto $n \geq 172$.

Suponha que se deseje controlar a fração de *não conformes* de uma linha de produção de substrato cerâmico. Como não se conhece o valor verdadeiro da fração de *não conformes*, foram tomadas 20 amostras de tamanho 100 cada. O número de *não conformes* em cada amostra está na Tabela 1. As amostras estão enumeradas na sequência em que foram retiradas da produção sempre no mesmo intervalo de tempo.

Tabela 1 Números de *não conformes* em amostras de 100 substratos cerâmicos.

Amostra	Nº de defeitos	Amostra	Nº de defeitos
1	44	11	36
2	48	12	52
3	32	13	35
4	50	14	41
5	29	15	42
6	31	16	30
7	46	17	46
8	52	18	38
9	44	19	26
10	48	20	30

Como o valor real da fração de *não conformes* é desconhecido, se faz então uma estimativa calculando a média das frações de *não conformes* de cada amostra:

$p \cong \overline{p} = \dfrac{\sum_{i=1}^{20} p_i}{20} = \dfrac{8}{20} = 0{,}40$, em que $p_i = \dfrac{d}{n} = \dfrac{d}{100}$ e d é o número de *não conformes* (defeitos) em cada amostra de tamanho n, que no caso deste exemplo é 100.

Aproximando o valor de p por 0,40, pode-se então calcular os limites de controle do gráfico de p:

$$LSC = p + 3 \cdot \sqrt{\dfrac{p \cdot (1-p)}{n}} = 0{,}40 + 3 \cdot \sqrt{\dfrac{0{,}40 \cdot (1-0{,}40)}{100}} = 0{,}5470$$

$$LC = p = 0{,}4000$$

$$LIC = p - 3 \cdot \sqrt{\dfrac{p \cdot (1-p)}{n}} = 0{,}40 - 3 \cdot \sqrt{\dfrac{0{,}40 \cdot (1-0{,}40)}{100}} = 0{,}2530$$

Então, marca-se o valor de cada p de cada amostra, na sequência da Tabela 1, num gráfico de controle cujos limites são os calculados anteriormente. A Figura 32 apresenta esse gráfico. Pode-se observar que o processo está sob controle estatístico visto que nenhuma das regras, apresentadas no Quadro 8, ocorrem. Todavia, vale observar que, mesmo sob controle estatístico, o processo em estudo requer uma investigação das causas comuns dele, pois a taxa de *não conformes* (0,40) é muito alta.

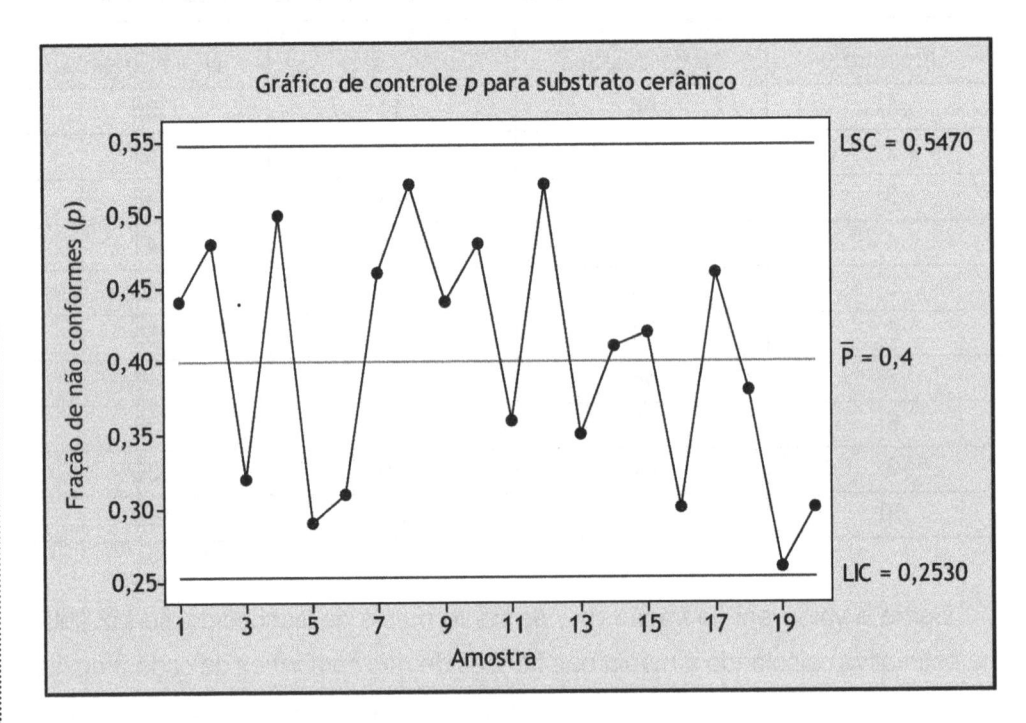

Figura 32 Gráfico de controle p para o substrato cerâmico.

O que foi aqui apresentado para o gráfico de controle de p, vale também para o gráfico de np apresentado a seguir, com exceção das fórmulas de cálculo dos limites de controle.

Gráfico de np

Esse gráfico é utilizado para controlar o número de unidades defeituosas (np) de um processo. Às vezes, é preferível trabalhar com um valor numérico que represente mais concretamente, em unidades de peças, a fração defeituosa ou de *não conformes*. Ele é fácil de ser utilizado, pois basta contar, segundo um critério de avaliação, o número de defeitos na amostra e marcá-lo no gráfico de controle np. Os limites de controle são calculados pelas fórmulas:

$$LSC = n \cdot p + 3 \cdot \sqrt{n \cdot p \cdot (1-p)}$$

$$LC = n \cdot p$$

$$LIC = n \cdot p - 3 \cdot \sqrt{n \cdot p \cdot (1-p)}$$

Quando o valor de *p* (fração defeituosa ou de *não conformes*) do processo for desconhecido, faz-se necessário utilizar um procedimento idêntico ao gráfico de *p* descrito anteriormente para estimar esse parâmetro.

Gráfico de *c*

Esse gráfico é utilizado para controlar o número de diferentes defeitos (*c*) de um processo, utilizando uma amostra de tamanho constante, podendo ser *n* = 1. A contagem de uma variável aleatória (defeitos) na amostra de tamanho constante é uma distribuição de Poisson cuja média e variância são iguais a *c*. Então, os limites do gráfico são dados por:

$$LSC = c + 3 \cdot \sqrt{c}$$

$$LC = c$$

$$LIC = c - 3 \cdot \sqrt{c}$$

Quando o parâmetro *c* (número médio de defeitos da população) for desconhecido, é necessário fazer uma amostragem para estimá-lo. Deve-se, então, tomar *k* amostras e contar o número de diferentes tipos de defeitos (*d*) para cada amostra e calcular a média de defeitos utilizando a seguinte fórmula:

$$\overline{c} = \frac{\sum_{i=1}^{k} d_i}{k}$$

Então, os limites de controle passam a ser:

$$LSC = \overline{c} + 3 \cdot \sqrt{\overline{c}}$$

$$LC = \overline{c}$$

$$LIC = \overline{c} - 3 \cdot \sqrt{\overline{c}}$$

Esse tipo de gráfico contém mais informações sobre as *não conformidades* que os gráficos de *p* e *np*, uma vez que todos os tipos de defeitos são considerados. Ao fazer essa contagem, é possível anotar qual o tipo de defeito para uma elaboração de um Diagrama de Pareto. Isso pode permitir uma ação visando a melhoria da qualidade pela eliminação daqueles defeitos de maior ocorrência.

Os dados da Tabela 2 são referentes ao número de defeitos encontrados em 20 amostras de 1 m² de tecido. As amostras estão enumeradas na sequência em que foram retiradas da produção sempre no mesmo intervalo de tempo. Deseja-se verificar se o processo está sob controle estatístico.

Tabela 2 Números de defeitos em m² de tecido.

Amostra	Nº de defeitos	Amostra	Nº de defeitos
1	6	11	9
2	4	12	11
3	8	13	8
4	10	14	10
5	9	15	8
6	12	16	2
7	9	17	7
8	2	18	1
9	3	19	7
10	10	20	13

Como o parâmetro *c* é desconhecido, ele será estimado a partir das amostras. Isso é feito calculando-se o valor médio de defeitos nas 20 amostras:

$$c = \frac{\sum_{i=1}^{k} d_i}{k} = \frac{\sum_{i=1}^{20} d_i}{20} = \frac{6 + 4 + \cdots + 13}{20} = 7{,}45 \cong c$$

A partir desse valor, é possível calcular os limites de controle do gráfico de *c*:

$$LSC = \bar{c} + 3 \cdot \sqrt{\bar{c}} = 7{,}45 + 3 \cdot \sqrt{7{,}45} = 15{,}64$$

$$LC = \bar{c} = 7{,}45$$

$$LIC = \bar{c} - 3 \cdot \sqrt{\bar{c}} = 7{,}45 - 3 \cdot \sqrt{7{,}45} < 0 \cong 0$$

Vale observar que o valor do LIC é menor que zero e como não existe valor de defeitos menor que zero, foi feita uma aproximação. Para verificar se o processo está sob controle estatístico, basta marcar cada valor do número de defeitos de cada amostra na sequência que elas foram coletadas. A Figura 33 ilustra o gráfico de controle de c para esse exemplo.

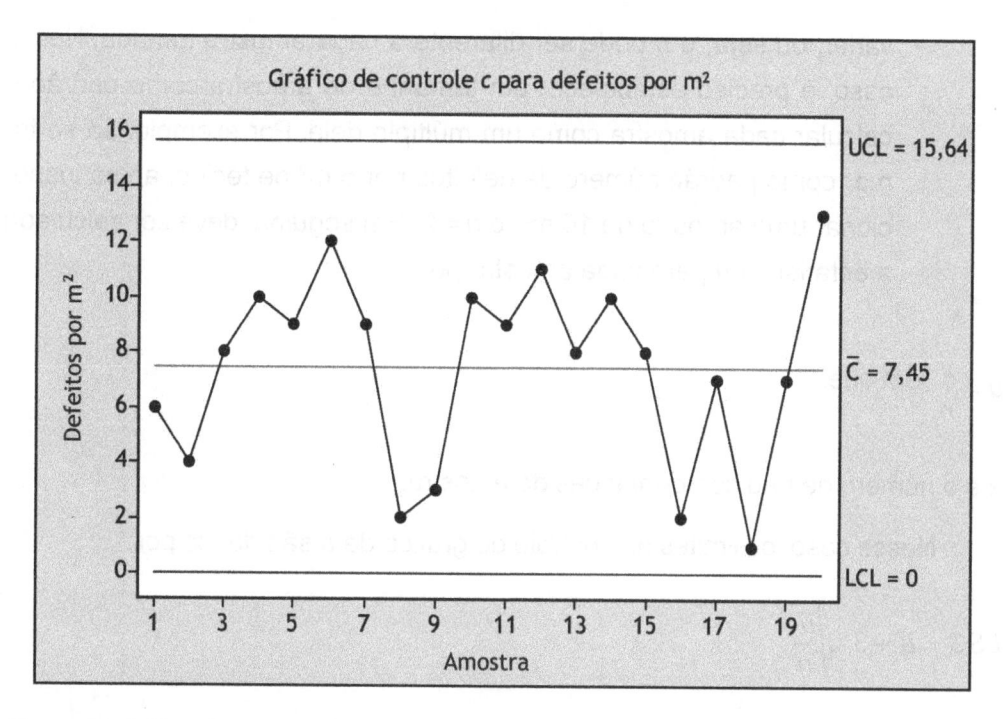

Figura 33 Gráfico de controle c para número de defeitos para m² de tecido.

Observa-se que nenhuma ocorrência de causas especiais, apresentadas no Quadro 8, está presente. Assim, o processo encontra-se sob controle estatístico, contudo, o número médio de defeitos por m² de tecido é alto, sendo necessário um estudo das causas comuns do processo de forma a reduzir esse número.

O mesmo procedimento com a aplicação das fórmulas corretas pode ser feito para um gráfico de u. Esse tipo de gráfico de controle será apresentado a seguir.

Gráfico de u

Esse gráfico também pode ser utilizado para controlar o número de diferentes defeitos observados num processo. A diferença para o gráfico c é que nesse caso o tamanho das amostras pode:

- ser um múltiplo da amostra do gráfico de c, denominada unidade de inspeção, ou seja, se a amostra do gráfico de c é 100 unidades ($n = 1$), tomando-se 50 unidades tem-se que $n = 0,5$. Dessa forma, os limites de controle do gráfico de u são dados por:

$$LSC = n \cdot \overline{c} + 3 \cdot \sqrt{n \cdot \overline{c}}$$

$$LC = n \cdot \overline{c}$$

$$LIC = \overline{c} \cdot n \cdot -3 \cdot \sqrt{n \cdot \overline{c}}$$

- variar, ou seja, o n pode ser diferente a cada amostra tomada. Nesse caso, é preciso estabelecer um tamanho de amostra como padrão e calcular cada amostra como um múltiplo dele. Por exemplo, ao se tomar como padrão número de defeitos por 5 m² de tecido, ao se inspecionar uma amostra de 10 m², o $n = 2$. Em seguida, deve ser calculada a estatística u para cada amostra por:

$$u = \frac{x}{n}, \text{ em que:}$$

x é o número de não conformidades da amostra.

Nesse caso, os limites de controle do gráfico de u são dados por:

$$LSC = \overline{u} + 3 \cdot \sqrt{\frac{\overline{u}}{n}}$$

$$LC = \overline{u}$$

$$LIC = \overline{u} - 3 \cdot \sqrt{\frac{\overline{u}}{n}}$$

Os gráficos de controle mais comuns para variáveis são: média, amplitude, desvio-padrão, indivíduos e amplitude móvel. Eles serão detalhados a seguir.

Gráfico de $\overline{x}$

Esse gráfico é utilizado para controlar a média amostral de uma determinada variável de interesse correlata a uma característica de qualidade produzida por um processo. Para cada amostra retirada, é calculada a média aritmética ($\overline{x}$) pela seguinte fórmula:

$$\overline{\overline{x}} = \frac{\sum \overline{x}_i}{n}, \text{ em que:}$$

x_i é o valor de cada elemento da amostra.

Da distribuição amostral de $\overline{x}$, sabe-se que:

$$\mu_j = \frac{\sum \overline{x}_i}{N} = \mu \quad \text{e} \quad \sigma_{\overline{x}} = \frac{\sigma}{\sqrt{n}}$$

Logo, os limites naturais do processo são calculados pelas fórmulas:

$$LSC = \mu + 3 \cdot \sigma_{\overline{x}} = \mu + 3 \cdot \frac{\sigma}{\sqrt{n}}$$

$$LC = \lambda$$

$$LIC = \mu - 3 \cdot \sigma_{\overline{x}} = \mu - 3 \cdot \frac{\sigma}{\sqrt{n}}$$

Considerando $A = \frac{3}{\sqrt{n}}$, para facilitar o cálculo dos limites de controle existem valores tabelados de A, que se encontram no Anexo A.

Entretanto, na maioria das vezes, a média do processo (λ) é desconhecida. Nessas situações, é preciso estimar a média por meio de uma amostragem representativa do processo. Deve-se seguir os passos:

a. tomar k (20 a 25) amostras de tamanho n elementos;

b. calcular a média aritmética de cada amostra de tamanho n;

c. calcular a estimativa da média do processo, aproximando-a por

$$\mu = \overline{\overline{x}} = \frac{\sum \overline{x}_i}{k} = LC;$$

d. estimar o desvio-padrão (σ) do processo por umas das duas formas:

- pelo <u>desvio-padrão</u> das amostras, quando o tamanho da amostra (n) é maior que nove, ou

- pela <u>amplitude</u> das amostras, quando o tamanho da amostra (n) é menor que nove e maior que quatro.

e. calcular os limites LSC, LIC e LC do gráfico de $\overline{x}$;

f. calcular os limites de um gráfico de s ou R, para controlar a dispersão dos dados da amostra (as fórmulas encontram-se a seguir);

g. marcar o valor de média amostral e sua medida de dispersão (s ou R) nos gráficos de controle;

h. interpretar os gráficos de controle para verificar a ocorrência de causa especial;

i. caso não sejam encontradas quaisquer ocorrências de causa especial (seguindo as regras do Quadro 8), os limites são aqueles calculados no passo (e); caso seja encontrada uma ou mais causas especiais, verificar o que aconteceu naquela amostra e eliminá-la, e se tiver certeza de que foi uma causa especial, refazer os cálculos a partir do passo (b); caso sejam eliminados muitos pontos, refazer o processo de amostragem.

Para estimar o desvio-padrão utilizando desvio-padrão das amostras, faz-se necessário primeiro calcular o desvio-padrão-médio das amostras usando a fórmula:

$$\bar{s} = \frac{\sum s_i}{k}$$

Depois, uma estimativa de σ deve ser calculada pela fórmula:

$\hat{\sigma} = \dfrac{\bar{s}}{c_2}$, em que c_2 é um fator de correção tabelado que depende do tamanho da amostra n. Os valores de c_2 encontram-se na tabela no Anexo A.

Dessa forma, os limites do gráfico de $\bar{x}$ serão dados por:

$$LSC = \mu + 3 \cdot \frac{\sigma}{\sqrt{n}} = \bar{\bar{x}} + 3 \cdot \frac{\bar{s}}{c_2 \cdot \sqrt{n}} = \bar{\bar{x}} + A_1 \cdot \bar{s}$$

$$LIC = \mu - 3 \cdot \frac{\sigma}{\sqrt{n}} = \bar{\bar{x}} - 3 \cdot \frac{\bar{s}}{c_2 \cdot \sqrt{n}} = \bar{\bar{x}} - A_1 \cdot \bar{s}$$

em que: A_1 também é um valor tabelado, que pode ser consultado no Anexo A.

Já para estimar o desvio-padrão utilizando a amplitude da amostra, primeiro deve-se calcular a amplitude média das amostras utilizando a fórmula:

$$\bar{R} = \frac{\sum R_i}{k}$$

Depois, deve-se estimar σ pela fórmula:

$$\hat{\sigma} = \frac{\overline{R}}{d_2},$$

em que: d_2 é um fator de correção tabelado que também depende do tamanho da amostra n. Os valores de d_2 encontram-se na tabela no Anexo A.

Assim, os limites do gráfico de $\overline{x}$ serão dados por:

$$LSC = \mu + 3 \cdot \frac{\sigma}{\sqrt{n}} = \overline{\overline{x}} + 3 \cdot \frac{\overline{R}}{d_2 \cdot \sqrt{n}} = \overline{\overline{x}} + A_2 \cdot \overline{R}$$

$$LIC = \mu - 3 \cdot \frac{\sigma}{\sqrt{n}} = \overline{\overline{x}} - 3 \cdot \frac{\overline{R}}{d_2 \cdot \sqrt{n}} = \overline{\overline{x}} - A_2 \cdot \overline{R}$$

em que: A_2 é um valor encontrado na tabela do Anexo A.

A frequência de amostragem e o tamanho da amostra devem ser função do custo de se detectar causas especiais e a velocidade do processo. Geralmente, para detectar grandes mudanças no processo são utilizados tamanhos de amostra $n = 4$, 5 ou 6. Para detectar pequenas mudanças no processo, utiliza-se $n = 15$ a 25.

Gráfico de s

Conforme foi destacado anteriormente, o gráfico de controle de $\overline{x}$ não permite avaliar a dispersão de um processo. Assim, é necessário utilizar outro gráfico de controle para controlar a dispersão do processo. Uma alternativa é o gráfico s, sendo a média e o desvio-padrão de uma distribuição de s amostral, respectivamente:

$$\lambda s = c_2; \text{ e}$$

$$\sigma_s = \left(\sqrt{2 \cdot (n-1) - 2 \cdot n \cdot c_2} \cdot \frac{\sigma}{\sqrt{2 \cdot n}} \right),$$

os limites do gráfico de controle de s serão dados por:

$$LSC = B_2 \cdot \rho$$

$$LC = c_2 \cdot \rho$$

$$LIC = B_1 \cdot \rho,$$

em que: B_1, B_2 e c_2 são valores encontrados na tabela no Anexo A.

Quando o desvio-padrão σ da população for desconhecido, o que é muito comum, deve-se fazer uma estimativa a partir dos desvios-padrão das amostras por meio da fórmula:

$$\hat{\sigma} = \frac{\overline{s}}{c_2},$$

em que $\overline{s} = \frac{\sum s_i}{k}$ e c_2 é um valor tabelado em função do tamanho do subgrupo.

Substituindo ρ por $\hat{\sigma}$, calcula-se os limites de controle:

$$LSC = B_4 \cdot \hat{\sigma}$$

$$LC = \hat{\sigma}$$

$$LIC = B_3 \cdot \hat{\sigma}$$

Os valores de B_3 e B_4 são tabelados. Deve-se fazer a interpretação dos valores marcados no gráfico de controle, seguindo as regras do Quadro 8, para verificar se o processo está sob controle estatístico ou não. Não se esqueça que isso deve ser feito conjuntamente com um gráfico de controle de $\overline{x}$, que controla a posição dos valores.

Gráfico de R

Esse gráfico de controle também permite controlar a dispersão de um processo. Ele é mais utilizado que o gráfico de s por ser mais simples e rápido de calcular a amplitude (R) de um subgrupo que o desvio-padrão (s). Entretanto, o conteúdo da informação é mais superficial, uma vez que pela amplitude não é possível saber a distribuição dos valores dentro do intervalo representado por ela, pois o cálculo de R envolve o menor e o maior valor do subgrupo, não se tendo qualquer informação dos outros valores. Sendo a média e o desvio-padrão de uma distribuição de R amostral, respectivamente:

$$\lambda_R = d_2 \cdot \rho; \text{ e}$$

$$\rho_R = d_3 \cdot \rho,$$

os limites do gráfico de controle de R serão dados por:

$$LSC = \lambda_R + 3 \cdot \rho_R = d_2 \cdot \rho + 3 \cdot d_3 \cdot \rho = D_2 \cdot \rho$$

$$LC = \lambda_R$$

$$LIC = \lambda_R - 3 \cdot \rho_R = d_2 \cdot \rho - 3 \cdot d_3 \cdot \rho = D_1 \cdot \rho,$$

em que: D_1 e D_2 são valores encontrados na tabela no Anexo A.

Quando a amplitude da população é desconhecida, o que é muito comum, deve-se estimar o valor de $\overline{R}$ por meio de uma amostragem representativa utilizando as fórmulas a seguir:

$$\overline{R} = \frac{\sum R_i}{k},$$

$$\sigma = \frac{\overline{R}}{d_2}; e$$

$$\sigma_R = d_3 \cdot \sigma = \left(\frac{d_3}{d_2}\right) \cdot \overline{R}$$

Os limites de controle do processo são dados por:

$$LSC = \overline{R} + 3 \cdot \left(\frac{d_3}{d_2}\right) \cdot \overline{R} = D_4 \cdot \overline{R}$$

$$LC = \overline{R}$$

$$LIC = \overline{R} - 3 \cdot \left(\frac{d_3}{d_2}\right) \cdot \overline{R} = D_3 \cdot \overline{R},$$

em que: D_3 e D_4 são valores tabelados encontrados no Anexo A.

Deve-se fazer a interpretação dos valores marcados no gráfico de controle, seguindo as regras do Quadro 8 para verificar se o processo está sob controle estatístico ou não. Isso deve ser feito conjuntamente com um gráfico de controle de $\bar{x}$, que controla a posição dos valores, gráfico de s ou de R.

Uma peça componente de um motor de avião a jato é fabricada por um processo de fundição. A abertura do rotor é um parâmetro importante para a qualidade do produto. Deseja-se saber se o processo de fundição está sob controle estatístico. Para tanto, foram retiradas regularmente 20 amostras de 5 peças do processo de fundição. Os dados estão na Tabela 3 e os valores estão codificados pelo uso dos três últimos dígitos da dimensão, *i.e.*, o valor 31,6 corresponde a 0,50316 polegada.

Tabela 3 Medidas da abertura do rotor.

Amostra	x1	x2	x3	x4	x5	Média	Amplitude
1	33	29	31	32	33	31,60	4
2	33	31	35	37	31	33,40	6
3	35	37	33	34	36	35,00	4
4	30	31	33	34	33	32,20	4
5	33	34	35	33	34	33,80	2
6	38	37	39	40	38	38,40	3
7	30	31	32	34	31	31,60	4
8	29	39	38	39	39	36,80	10
9	28	33	35	36	43	35,00	15
10	38	33	32	35	32	34,00	6
11	28	30	28	32	31	29,80	4
12	31	35	35	35	34	34,00	4
13	27	32	34	35	37	33,00	10
14	33	33	35	37	36	34,80	4
15	35	37	32	35	39	35,60	7
16	33	33	27	31	30	30,80	6
17	35	34	34	30	32	33,00	5
18	32	33	30	30	33	31,60	3
19	25	27	34	27	28	28,20	9
20	35	35	36	33	30	33,80	6

Como o tamanho da amostra (*n*) é 5, será utilizado o gráfico de $\bar{x} - R$. Como o valor da média populacional é desconhecido, ele será aproximado pela média das medidas amostrais:

$$\mu = \bar{\bar{x}} = \frac{\sum_{i=1}^{k} \bar{x}_i}{k} = \frac{\sum_{i=1}^{20} \bar{x}_i}{20} = \frac{31,6 + 33,4 + \cdots + 33,8}{20} = 33,32 = LC$$

Esse valor será a LC do gráfico de $\overline{X}$. Os outros limites do gráfico são calculados pelas fórmulas:

$$LSC = \mu + 3 \cdot \frac{\sigma}{\sqrt{n}} = \overline{\overline{x}} + 3 \cdot \frac{\overline{R}}{d_2 \cdot \sqrt{n}} = \overline{\overline{x}} + A_2 \cdot \overline{R}$$

$$LIC = \mu - 3 \cdot \frac{\sigma}{\sqrt{n}} = \overline{\overline{x}} - 3 \cdot \frac{\overline{R}}{d_2 \cdot \sqrt{n}} = \overline{\overline{x}} - A_2 \cdot \overline{R}$$

O valor de A_2 é obtido na tabela do Anexo A em função do tamanho da amostra (n). Nesse exemplo, com $n = 5$, obtém-se o valor 0,577 que já é calculado pela fórmula:

$$\overline{R} = \frac{\sum_{i=1}^{k} R_i}{k} = \frac{\sum_{i=1}^{20} R_i}{20} = \frac{4 + 6 + \cdots + 6}{20} = 5,8$$

Logo, os limites do gráfico de $\overline{R}$ são:

$$LSC = \overline{\overline{x}} + A_2 \cdot \overline{R} = 33,32 + 0,577 \cdot 5,8 = 36,67$$

$$LIC = \overline{\overline{x}} - A_2 \cdot \overline{R} = 33,32 - 0,577 \cdot 5,8 = 29,97$$

Os limites para o gráfico de $\overline{R}$ são:

$LSC = D_4 \cdot \overline{R} = 2,115 \cdot 5,8 = 12,27$, em que D_4 é o valor tabelado em função do tamanho da amostra presente na tabela do Anexo A. O mesmo vale para o D_3 para cálculo do LIC, como segue: $LSC = D_3 \cdot \overline{R} = 0 \cdot 5,8 = 0$.

Assim, é possível marcar os pontos $\overline{R}$ de cada amostra nos respectivos gráficos, como está ilustrado na Figura 34.

Analisando os gráficos de $\overline{X} - R$ conjuntamente, observa-se que existem várias ocorrências de pontos fora da zona de controle nos dois gráficos. Isso é indício de que o processo está fora de controle estatístico. No momento da retirada das amostras, causas especiais estavam atuando no processo, mudando bruscamente os valores da média e a amplitude do processo.

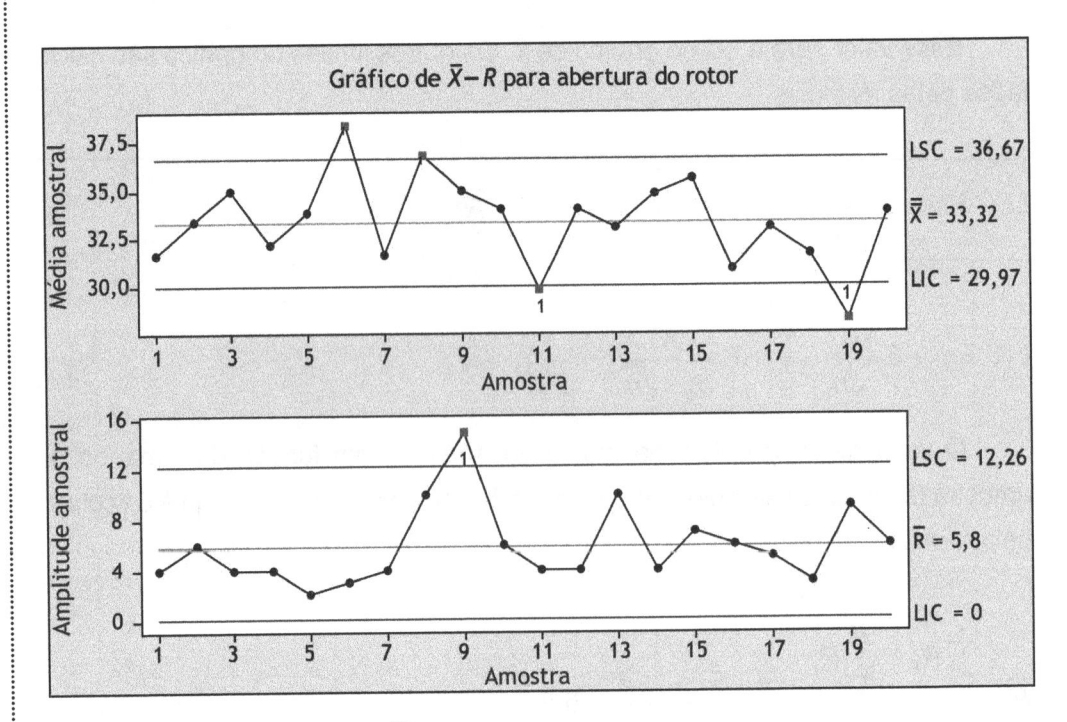

Figura 34 Gráfico de controle de $\bar{X} - R$ para abertura do rotor.

Logo, é preciso investigar que causas especiais, tomando como base os 6M, mudaram o comportamento esperado do processo em termos de variação da média e da amplitude amostrais. Caso elas sejam identificadas e eliminadas, pode-se descartar essas amostras e recalcular os limites dos gráficos de controle. Caso contrário, é preciso estabilizar o processo, acompanhá-lo e fazer novamente uma amostragem para verificar se as causas especiais não voltaram a acontecer.

Gráfico de x

Quando os dados são obtidos num intervalo longo de tempo, dificultando a formação de um subgrupo num tempo hábil para tomada de decisão, ou então a formação de subgrupos racionais não é eficiente, a solução é controlar os valores individuais da variável de interesse.

Como não é possível calcular a amplitude (R) do subgrupo, uma vez que n é igual a 1, ela é substituída pela amplitude móvel (MR) que é calculada a cada par de medidas pela seguinte fórmula:

$$MR_i = |x_i - x_{i-1}|$$

Para estimar a amplitude móvel do processo, uma amostragem significativa precisa ser feita. Depois de calculadas as parcelas MR_i, deve-se calcular a amplitude móvel média pela fórmula:

$$\overline{MR} = \frac{\sum_{i=1}^{k-1} MR_i}{k-1}$$, em que k é o número de amostras feitas no estudo.

Os limites de controle do gráfico de x serão dados por:

$$LSC = \overline{x} + 3 \cdot \frac{\overline{MR}}{d_2}$$

$$LC = \overline{x}$$

$$LIC = \overline{x} - 3 \cdot \frac{\overline{MR}}{d_2},$$

em que d_2 é um valor tabelado em função do tamanho da amostra e se encontra no Anexo A.

Contudo, vale destacar que sendo n igual a 2 para o cálculo do MR, o valor de d_2 é 1,128.

Já os limites de controle do gráfico de MR serão dados por:

$$LSC = D_4 \cdot \overline{MR}$$

$$LC = \overline{MR}$$

$$LIC = D_3 \cdot \overline{MR}$$

Após os valores de x_i e MR_i serem marcados nos respectivos gráficos de controle, eles devem ser interpretados seguindo as regras do Quadro 8 para verificar se o processo está ou não sob controle estatístico. Isso deve ser feito conjuntamente para o gráfico de x e de MR. Vale destacar que ambos devem estar sob controle estatístico para que se possa declarar que o processo está sob controle estatístico.

A Tabela 4 contém as medições de acidez para as últimas 25 bateladas de um processo. Ao final de cada batelada, a acidez foi medida em pH. Deseja-se saber se o processo está no controle estatístico.

Tabela 4 Medidas de acidez por batelada.

Batelada	Acidez (pH)	MR
1	4,9	
2	3,0	1,9
3	4,2	1,2
4	4,4	0,2
5	3,0	1,4
6	3,3	0,3
7	5,1	1,8
8	3,0	2,0
9	2,9	0,1
10	4,3	1,4
11	3,9	0,4
12	3,4	0,5
13	2,4	1,1
14	3,3	0,9
15	4,3	1,0
16	4,3	0,0
17	3,3	1,1
18	4,8	1,6
19	5,4	0,6
20	4,7	0,8
21	1,9	2,8
22	4,4	2,5
23	3,0	1,4
24	2,5	0,5
25	2,9	0,4
Média	**3,7**	**1,1**

A linha central do gráfico de x é o valor médio do pH da amostra, ou seja, LC para o gráfico de x é 3,7. Já os limites inferior e superior são calculados pelas fórmulas:

$$LSC = \bar{x} + 3 \cdot \frac{\overline{MR}}{d_2} = 3,7 + 3 \cdot \frac{1,1}{1,128} = 6,6$$

$$LIC = \bar{x} - 3 \cdot \frac{\overline{MR}}{d_2} = 3,7 - 3 \cdot \frac{1,1}{1,128} = 0,8$$

A linha central do gráfico de MR é o valor médio da amplitude móvel dos valores de pH da amostra, ou seja, LC para o gráfico de MR é 1,1. Já os limites inferior e superior são calculados pelas fórmulas:

$$LSC = D_4 \cdot \overline{MR} = 3{,}267 \cdot 1{,}1 = 3{,}5,$$

em que o valor de D_4 para $n = 2$ é igual a 3,267.

$$LIC = D_3 \cdot \overline{MR} = 0 \cdot 1{,}1 = 0{,}0,$$

em que o valor de D_3 para $n = 2$ é igual a zero.

Dessa forma, é possível marcar os pontos $x - MR$ de cada amostra nos respectivos gráficos de x e MR, como está ilustrado na Figura 35.

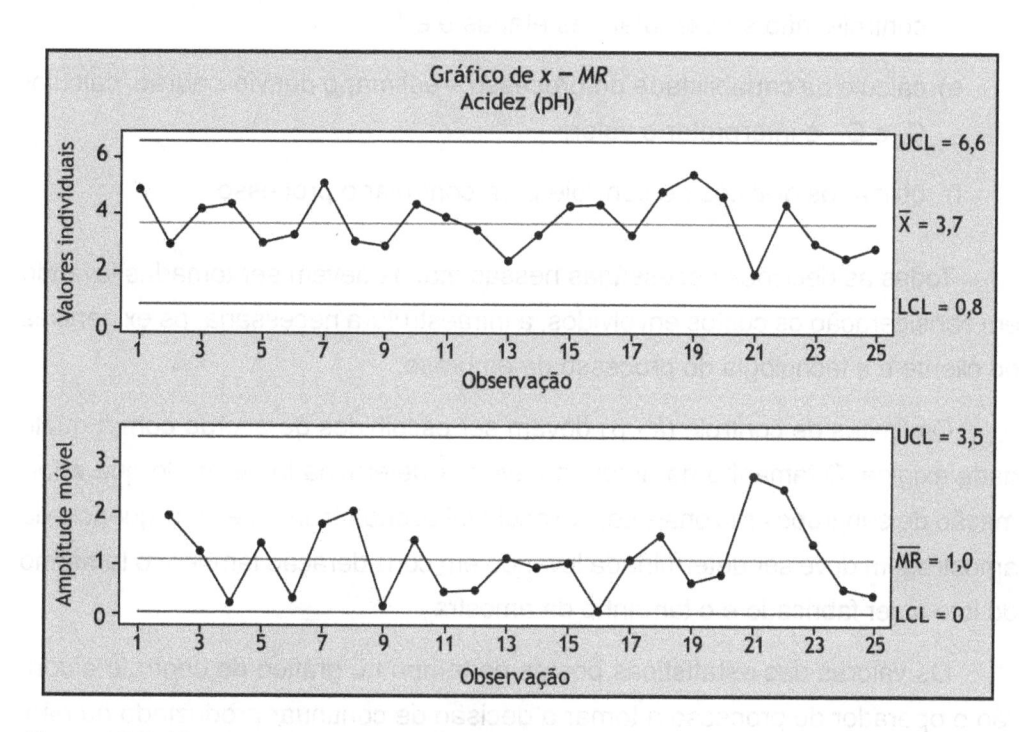

Figura 35 Gráfico de controle de $x - MR$ para acidez.

Pelos gráficos de $x - MR$ da Figura 35, pode-se observar que o processo se encontra sob controle estatístico, uma vez que nenhuma das condições do Quadro 8 estão presentes. Isso significa que a variação apresentada é resultado somente da variação proveniente das causas comuns, 6M, do processo. Portanto, pode-se usar os gráficos da Figura 35 para controlar o processo.

3.5.3 Construção de gráficos de controle

As principais etapas na construção de um gráfico de controle são:

a) preparação – escolha da(s) característica(s) da qualidade a ser(em) controlada(s), determinação da forma de retirada, tamanho e frequência do subgrupo, e escolha do gráfico a ser utilizado;

b) coleta de dados – registro dos dados e das possíveis ocorrências de causas especiais, cálculos das estatísticas necessárias e construção dos gráficos;

c) determinação dos limites de controle experimentais – cálculos da linha central e dos limites superior e inferior de controle;

d) análise e interpretação – verificar se o processo está sob controle, eliminando as possíveis causas especiais (caso haja certeza) e recálculo dos limites de controle e linha central. Se o processo não estiver sob controle, não se executam as etapas *e* e *f*;

e) cálculo da capabilidade do processo – estimar o desvio-padrão; calcular C_p e C_{pk} e interpretar o valor;

f) utilizar os gráficos de controle para controlar o processo.

Todas as decisões necessárias nessas etapas devem ser tomadas levando em consideração os custos envolvidos, a infraestrutura necessária, as exigências do cliente e a tecnologia do processo da empresa.

Os limites de controle ($k \cdot \rho$) devem ser escolhidos de acordo com a qualidade exigida. O tamanho da amostra deve ser determinado de modo que a formação de subgrupos racionais seja executável economicamente. A frequência da amostragem deve ser determinada levando em consideração também o tamanho do lote a ser fabricado e o tamanho da amostra.

Os valores das estatísticas postas no tempo no gráfico de controle ajudarão o operador do processo a tomar a decisão de continuar produzindo ou não, antes de atuar na remoção da causa especial. Vale ressaltar que para tanto é preciso que o operador tenha autoridade para executar essas tarefas.

A escolha do tipo de gráfico de controle a ser utilizado depende da característica da qualidade a ser controlada, se ela é uma variável ou um atributo, por exemplo. Além disso, dependendo do caso, é importante saber o tamanho do lote de produção e levar em conta algumas considerações do processo de produção. O fluxograma da Figura 36 ilustra um esquema de orientação para a escolha do melhor gráfico a ser utilizado.

Algumas observações são importantes sobre o fluxograma da Figura 36. Por exemplo, a homogeneidade na natureza acontece em processos tais como pintura, banhos químicos, pintura por imersão, etc. Outro aspecto que vale destacar é que mesmo o tamanho da amostra ou subgrupo (n) sendo maior ou igual a 9 elementos, o gráfico de $\overline{x} - R$ pode ser utilizado em face da dificuldade de calcular o desvio-padrão (s). Naturalmente, nesse caso haverá uma perda de informação, como já explicado.

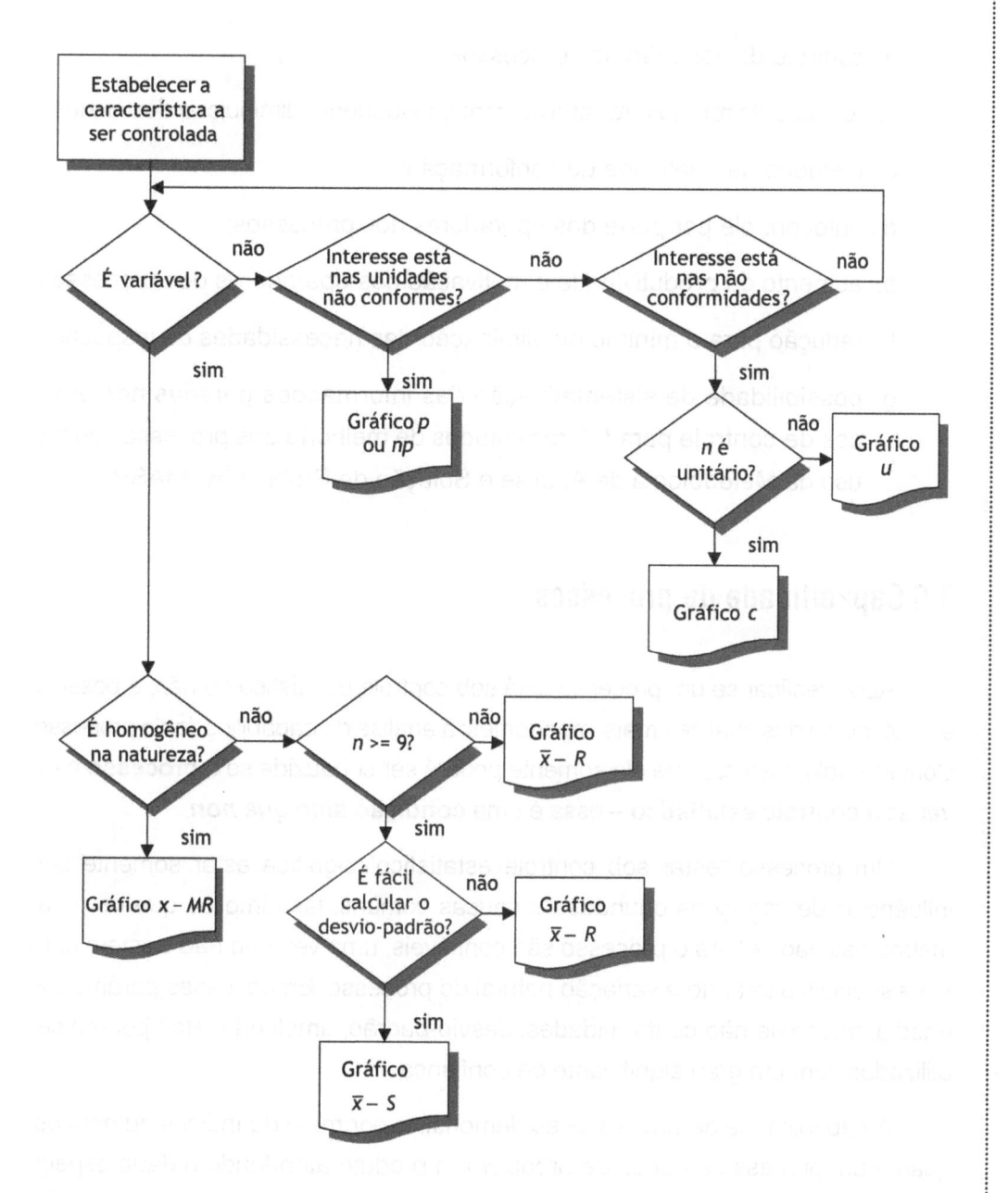

Figura 36 Fluxograma para escolha do gráfico de controle.

Os limites de controle dos processos precisam ser revisados sempre que são identificadas mudanças técnicas no estado do processo. Essas mudanças podem ser melhorias no padrão de operação do processo, mudança de especificação de matéria-prima, reforma do processo, etc., ou seja, toda vez que algo for somado ou subtraído do conjunto de causas comuns do processo.

Essa revisão deve ser feita o mais rápido possível para evitar "alarmes falsos" ou fabricação de produtos fora de especificação com consequente perda de produtividade. Mesmo quando mudanças técnicas não forem feitas no processo, deve-se fazer revisões baseadas na amplitude das flutuações.

Os principais benefícios da utilização do CEP são:

a. controle da variação dos processos;

b. redução do refugo e retrabalho com consequente diminuição dos custos;

c. melhoria da qualidade de conformação;

d. autocontrole por parte dos operadores dos processos;

e. aumento da produtividade e motivação dos operadores dos processos;

f. redução para o mínimo ou eliminação das necessidades de inspeção;

g. possibilidade de sistematização das informações geradas nos gráficos de controle para futuros estudos de melhoria dos processos com o uso da Metodologia de Análise e Solução de Problemas (MASP).

3.6 Capabilidade de processos

Após verificar se um processo está sob controle estatístico ou não, é possível executar uma das análises mais importantes: a análise de capabilidade do processo. Contudo, vale destacar que ela somente poderá ser conduzida se o **processo estiver sob controle estatístico** – essa é uma **condição** *sine qua non*.

Um processo "estar sob controle estatístico" significa estar somente sob influências de variações oriundas de causas comuns. Isso implica que os parâmetros estimados para o processo são confiáveis, uma vez que não existem causas especiais alterando a variação natural do processo. Então, esses parâmetros (média, fração de não conformidades, desvio-padrão, amplitude, etc.) podem ser utilizados com um grau significante de confiança.

A capabilidade de um processo demonstra, por meio de índices numéricos, quanto um processo é capaz de produzir um produto atendendo a dada especificação (valor nominal ± tolerância). De posse do índice de capabilidade de um processo, é possível prever se este irá satisfazer ou não as especificações de uma característica da qualidade.

A análise de capabilidade é feita comparando-se a "voz do cliente", expressa pelas especificações do produto, e a "voz do processo", expressa pelas estimativas do parâmetro do processo. A Figura 37 ilustra de forma simplificada esse relacionamento.

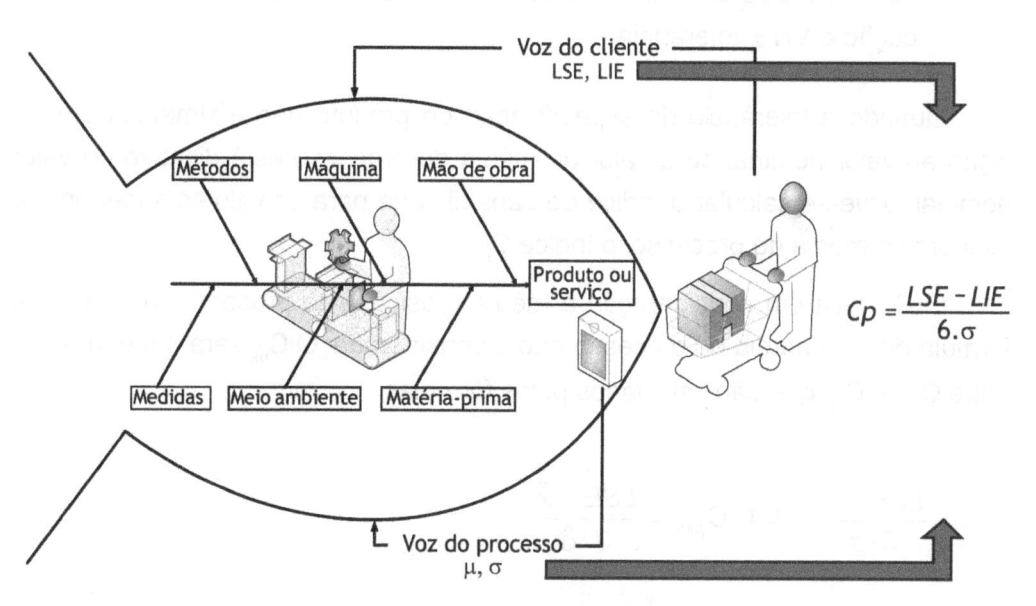

Figura 37 Representação esquemática do índice de capabilidade.

A especificação da característica da qualidade é feita por um valor nominal (VN) e mais ou menos uma tolerância aceitável. Logo:

- o limite superior especificado $(LSE) = VN + tolerância$;
- o limite inferior especificado $(LIE) = VN - tolerância$;
- a tolerância total $= LSE - LIE$.

O índice de capabilidade de um processo é calculado pela fórmula:

$$C_p = \frac{(LSE - LIE)}{6 \cdot \sigma},$$ em que σ é o desvio-padrão do processo.

Caso σ seja desconhecido, o que é muito comum, faz-se necessário estimar esse parâmetro por meio de uma amostragem significativa. Então, é calculado o desvio-padrão amostral médio ($\bar{s}$) ou a amplitude amostral média ($\bar{R}$) e, em seguida, estimado o desvio-padrão do processo por:

$$\hat{\sigma} = \frac{\bar{s}}{c_2} = \frac{\bar{R}}{d_2},$$ em que c_2 e d_2 são valores tabelados em função do tamanho do subgrupo, encontrados na tabela do Anexo A.

Essa maneira de calcular o índice de capabilidade de um processo é mais apropriada quando:

- a média do processo real ou a estimativa dela (μ) está muito próxima ou coincide com o valor nominal (VN);
- as tolerâncias para mais ou para menos são iguais, ou seja, a especificação é VN ± tolerância.

Quando a tolerância da especificação do produto não é simétrica em relação ao valor nominal ou o valor da média do processo está distante do valor nominal, deve-se calcular o índice de capabilidade para os valores superiores e inferiores à média do processo, o índice C_{pk}.

O C_{pk} leva em consideração a média (posição) do processo. Veja que na fórmula do C_p a média do processo não é considerada. O C_{pk} será o menor valor entre C_{pks} e C_{pki} que são calculados pelas fórmulas:

$$C_{pks} = \frac{LSE - \mu}{3 \cdot \sigma} \quad \text{ou} \quad C_{pks} = \frac{LSE - \bar{\bar{x}}}{3 \cdot \hat{\sigma}}$$

$$C_{pki} = \frac{\mu - LIE}{3 \cdot \sigma} \quad \text{ou} \quad C_{pki} = \frac{\bar{\bar{x}} - LIE}{3 \cdot \hat{\sigma}}$$

O C_{pk} contém mais informação sobre a habilidade do processo em atender às especificações porque considera no cálculo a média (posição) e o desvio-padrão (dispersão) do processo.

A capabilidade de um processo pode ser interpretada graficamente pela sobreposição do histograma de uma amostragem representativa do processo contra os limites de tolerância especificados. A Figura 38 ilustra isso.

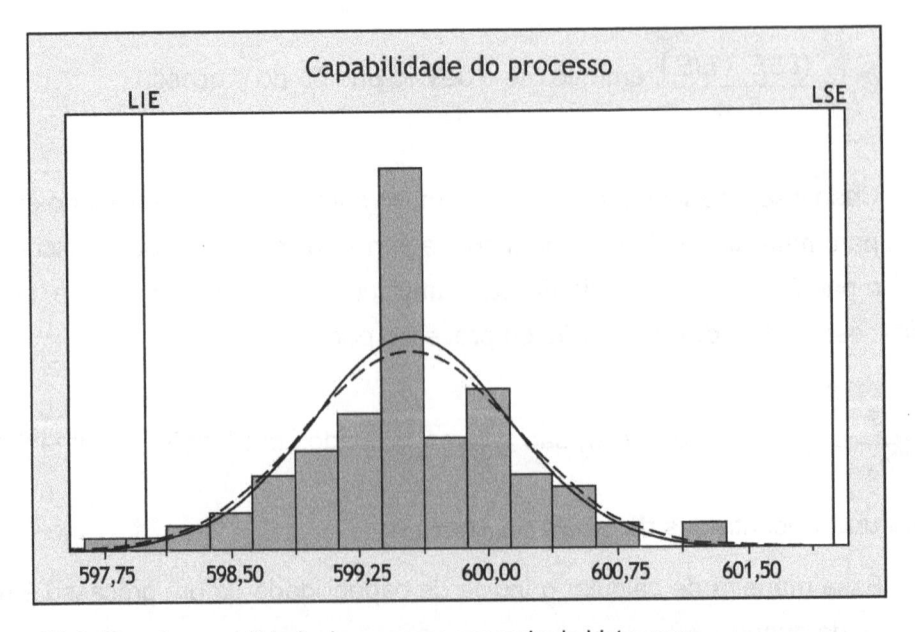

Figura 38 Análise da capabilidade do processo por meio do histograma.

Como se pode notar na Figura 38, o processo não é capaz, pois existem valores abaixo do limite inferior de especificação. Isso se deve, principalmente, porque a média do processo não está coincidindo com o valor nominal.

Entretanto, esse procedimento não é muito aconselhável porque a estimativa do desvio-padrão do processo é mais confiável que somente a dispersão representada pelo histograma. Além disso, podem ocorrer problemas de escalas no eixo x que devem levar a conclusões erradas acerca da capabilidade do processo. Contudo, a forma gráfica pode ser utilizada em complementaridade com os cálculos dos índices.

Outra forma de analisar a capabilidade de um processo é por meio do índice de capabilidade (C_p ou C_{pk}). O Quadro 9 contém os critérios para a classificação de um processo utilizando C_p ou C_{pk}.

Quadro 9 Interpretação do índice de capabilidade do processo.

C_p ou C_{pk}	Nível do processo	Conceito do processo
± 2,0	A	Excelente – Confiável, os operadores do processo exercem completo controle sobre o mesmo, pode-se utilizar o gráfico pré-controle.
1,33 até 1,99	B	Capaz – Relativamente confiável, os operadores do processo exercem controle sobre as operações, mas o controle da qualidade monitora e fornece informações para evitar a deterioração do processo.
1,00 até 1,32	C	Relativamente Incapaz – Pouco confiável, requer controle contínuo das operações, tanto pela fabricação quanto pelo controle da qualidade, visando evitar constantes descontroles e perdas por causa de refugos, retrabalhos, paralisações, etc.
< 1,00	D	Totalmente Incapaz – O processo não tem condições de manter as especificações ou padrões, por isso, é requerido o controle, revisão e seleção de 100% das peças, produtos ou resultados.

Dessa forma, é possível, por meio de um índice, saber rapidamente se um processo está apto (e quão apto, uma vez que os níveis A e B produzem níveis de qualidade diferentes) a produzir ou prestar um serviço.

É bom lembrar que esse índice somente terá valor se o processo estiver sob controle estatístico. Por isso, é importante ter cuidado com os cálculos do C_p ou C_{pk} antes da determinação, construção e verificação dos gráficos de controle para emissão do parecer de estabilidade estatística do processo. A Figura 39 ilustra a relação entre capabilidade e controle de um processo.

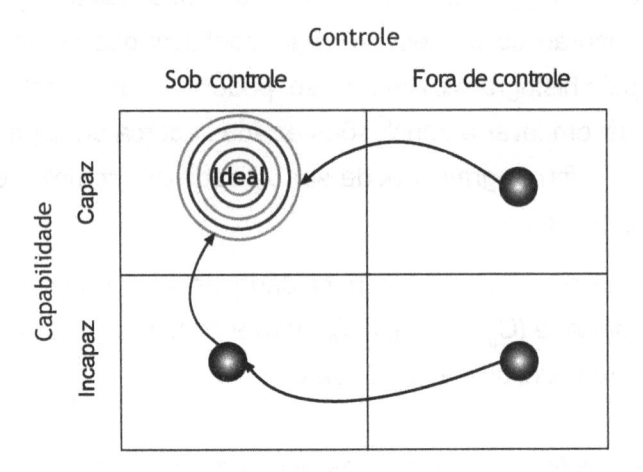

Figura 39 Relação entre capabilidade e controle do processo.

Vale observar que um processo pode ser capaz, porém, não estar sob controle estatístico, o que requer que sejam eliminadas as causas especiais que estão presentes. Ou ainda, estar sob controle estatístico, porém, não ser capaz de atender às especificações estabelecidas, sendo necessária uma melhoria de processo tendo em vista a diminuição da influência de determinadas causas comuns do processo.

A análise de capabilidade de processo é parte fundamental da melhoria da qualidade, uma vez que ele pode direcionar os esforços de melhoria. Além disso, a análise de capabilidade pode ser utilizada para:

- predizer quão bem um processo pode atender às exigências do cliente;
- auxiliar ou mesmo guiar engenheiros a escolherem um processo de produção;
- auxiliar no estabelecimento da frequência de amostragem do processo;
- especificar as necessidades de desempenho de um equipamento;
- auxiliar na seleção de fornecedores;
- auxiliar no projeto de tolerâncias;
- guiar o processo de redução da variação dos processos.

Uma vez que o processo tem um índice de capabilidade que atende às exigências naquele momento, então, os gráficos de controle poderão ser utilizados como uma ferramenta poderosa para controlar a qualidade dos processos.

REFERÊNCIAS

GARVIN, D. A. *Gerenciando a qualidade*: a visão estratégica e competitiva. Rio de Janeiro: Qualitymark, 1992.

JURAN, J. M.; GODFREY, A. B. *Quality control handbook*. 5. ed. New York: McGraw-Hill, 1999.

JURAN, J. M.; GRYNA, F. M. *Controle da qualidade*: handbook. São Paulo: Makron Books, 1991. v. 6.

MONTGOMERY, D. C. *Introdução ao controle estatístico da qualidade*. 4. ed. Rio de Janeiro: LTC, 2004.

SHIBA, S.; GRAHAM, A.; WALDEM, D. *TQM*: quatro revoluções na gestão da qualidade. Tradução de Eduardo D'Agord Schaan. Porto Alegre: Bookman, 1997.

Referências consultadas

COSTA, A. F. B. *Controle estatístico de qualidade*. 2. ed. São Paulo: Atlas, 2005.

JURAN, J. M. *Juran na liderança pela qualidade*. 2. ed. São Paulo: Pioneira, 1993.

KUME, H. *Métodos estatísticos para a melhoria da qualidade*. 5. ed. São Paulo: Editora Gente, 1993.

RAMOS, A. B. *CEP para processos contínuos e bateladas*. São Paulo: Edgard Blücher, 2000.

SHEWHART, W. A. *Economic control of quality of manufactured product*. New York: ASQC Press, 1980. (anniversary commemorative reissue).

WHEELER, D. J. *Entendendo a variação* – a chave para administrar o caos. Rio de Janeiro: QualityMark, 2001.

ANEXO A

ANEXO A

Fatores para cálculo dos limites em gráficos de controle (sistema norte-americano)

Tamanho da amostra n	Gráfico da média limites de controle			Gráfico da amplitude						Gráfico do desvio-padrão					
	A	A_1	A_2	Linha média		Limites de controle				Linha média		Limites de controle			
				d_2	d_3	D_1	D_2	D_3	D_4	c_2	$1/c_2$	B_1	B_2	B_3	B_4
2	2,121	3,760	1,880	1,128	0,853	0	3,686	0	3,267	0,5642	1,7725	0	1,843	0	3,267
3	1,732	2,394	1,023	1,693	0,888	0	4,358	0	2,575	0,7236	1,3820	0	1,858	0	2,568
4	1,500	1,880	0,729	2,059	0,880	0	4,918	0	2,115	0,8407	1,1894	0	1,756	0	2,089
5	1,342	1,596	0,577	2,326	0,864	0	4,918	0	2,115	0,8407	1,1894	0	1,756	0	2,089
6	1,225	1,410	0,483	2,534	0,848	0	5,078	0	2,004	0,8686	1,1512	0,026	1,711	0,030	1,970
7	1,134	1,277	0,419	2,704	0,833	0,205	5,203	0,076	1,924	0,8882	1,1259	0,105	1,672	0,118	1,882
8	1,061	1,175	0,373	2,847	0,820	0,387	5,307	0,136	1,864	0,9027	1,1078	0,167	1,638	0,185	1,815
9	1,000	1,094	0,337	2,970	0,808	0,546	5,394	0,184	1,816	0,9139	1,0942	0,219	1,609	0,239	1,761
10	0,949	1,028	0,308	3,078	0,797	0,687	5,469	0,223	1,777	0,9227	1,0837	0,262	1,584	0,284	1,716

SOBRE O AUTOR

Roberto Antonio Martins

Possui graduação em Engenharia de Produção Mecânica pela Escola de Engenharia de São Carlos da Universidade de São Paulo (EESC/USP), em 1990, mestrado em Engenharia Mecânica (ênfase em engenharia de produção) também pela EESC/USP em 1993, e doutorado em Engenharia de Produção pela Escola Politécnica da Universidade de São Paulo, em 1999. Atualmente é professor associado da Universidade Federal de São Carlos (UFSCar) lotado no Departamento de Engenharia de Produção. Tem experiência na área de engenharia de produção com ênfase em medição de desempenho e gestão da qualidade, atuando principalmente em medição de desempenho, indicadores de desempenho, sistemas de medição de desempenho, melhoria contínua, gestão da qualidade e controle estatístico de processo.

Este livro foi impresso em 2015 pela Meta Solutions em Cotia/SP.